Buch

Wie stark ist die Kraft der Liebe? Wieviel kann ein einzelner wirklich verändern? Die Antwort auf diese Fragen findet man im Leben einiger ganz gewöhnlicher Menschen, die etwas Außergewöhnliches vollbracht haben: Eine Frau verzeiht dem Mörder ihres Sohnes und tritt für seine Entlassung aus dem Gefängnis ein, ein berühmter Unternehmer engagiert sich für den Weltfrieden, ein Kind hilft Obdachlosen.
Gerald Jampolsky, Autor des Bestsellers *Lieben heißt die Angst verlieren,* porträtiert in diesem Buch Menschen, die der Stimme ihres Herzens gefolgt sind. Sie haben in sich selbst eine Kraft entdeckt, die es ihnen möglich machte, schreckliche Tragödien und fast unlösbare Probleme zu bewältigen, um am Ende doch noch zu triumphieren. Gerald Jampolsky hat nicht nur Berühmtheiten wie Ted Turner, Wally »Famous« Amos oder Lech Walesa interviewt, sondern auch ganz »gewöhnliche« Menschen beschrieben. Alle sind der lebende Beweis für die Prämisse: Jeder Mensch kann diese Welt verbessern, jeder kann etwas bewegen und mit einem kleinen Funken in einer Gemeinschaft, ja sogar der ganzen Welt, ein Feuer entfachen.

Autor

Gerald Jampolsky ist Autor von *Lieben heißt die Angst verlieren, Wenn deine Botschaft Liebe ist...* sowie *Die Kunst zu vergeben.* Er ist Gründer des *Center for Attitudinal Healing.* Seine Arbeit mit schwerkranken Kindern und die intensive Beschäftigung mit Aidskranken haben ihn in der ganzen Welt berühmt gemacht.

Von Gerald Jampolsky ist bereits erschienen:
Lieben heißt die Angst verlieren (10381)
Die Kunst zu vergeben (13590)
Wenn deine Botschaft Liebe ist... (13611)

Gerald G. Jampolsky

Liebe überwindet alle Grenzen

Wenn ganz normale Leute Ungewöhnliches vollbringen

Aus dem Englischen
von Erna Tom

GOLDMANN VERLAG

Deutsche Erstveröffentlichung

Die Originalausgabe erschien 1990 unter dem Titel
»One Person Can Make a Difference«
bei Bantam Books, New York.

Umwelthinweis:
Alle bedruckten Materialien dieses Taschenbuches
sind chlorfrei und umweltschonend.

Der Goldmann Verlag
ist ein Unternehmen der Verlagsgruppe Bertelsmann

© der Originalausgabe 1990 by Gerald G. Jampolsky, M. D.
© der deutschsprachigen Ausgabe
1994 by Wilhelm Goldmann Verlag, München
Umschlaggestaltung: Design Team München
Satz: Uhl + Massopust, Aalen
Druck: Presse-Druck Augsburg
Verlagsnummer: 12505
Redaktion: Hanna Schütte
Herstellung: Stefan Hansen
Made in Germany
ISBN 3-442-12505-7

1 3 5 7 9 10 8 6 4 2

Dieses Buch
ist dem unschuldigen Kind gewidmet,
das in jedem von uns lebt –
das keine Hindernisse sieht
und weder Probleme noch Negativität kennt;
das nicht an Worte
wie *unmöglich* oder *ich kann nicht* glaubt,
das nicht von schmerzlichen Erfahrungen
aus der Vergangenheit gehemmt wird,
das vertraut und an die Liebe glaubt,
das immer weiß, daß es unsere Absicht ist,
anderen Liebe zu schenken,
die Liebe anderer anzunehmen
und zu wissen, daß Glück und Freude
unser wahrer Wesenszustand sind.

Danksagungen

Mein herzlicher Dank gilt Hal Zina Bennett für seine Freundschaft und liebende Unterstützung bei der Bearbeitung dieses Buches, die zusammen mit ihm wirklich Freude machte. Des weiteren möchte ich Michelle Rapkin, der Cheflektorin von Bantam Books, für ihre ständige Hilfe und ihren Ansporn danken.

Die Zitate vor jedem Kapitel stammen aus dem Buch *Kurs in Wundern,* das die Gesellschaft für inneren Frieden (Foundation for Inner Peace, P. O. Box 635, Tiburon, CA 94920) veröffentlichte und mit deren freundlicher Genehmigung sie hier wiedergegeben werden. Mein Dank gilt Judy Skutch Whitson und Bob Skutch für ihre Erlaubnis, aus diesem Material zitieren zu dürfen.

Inhalt

Einführung		11
Kapitel 1	Zalinda Dorcheus	18
Kapitel 2	Henri Landwirth	36
Kapitel 3	Wally »Famous« Amos	59
Kapitel 4	Lech Walesa	75
Kapitel 5	Ruth Brinker	93
Kapitel 6	Ted Turner	103
Kapitel 7	Dr. George Wood	121
Kapitel 8	Fanny Ray	141
Kapitel 9	Frank Morgan	149
Kapitel 10	Man ist nie zu alt oder zu jung, um etwas zu verändern	157
Epilog		190

Einführung

*Wer an etwas glaubt,
hat es bereits verwirklicht.*

Auf meinen Reisen kommen immer mehr Menschen mit folgender Frage auf mich zu: »Ich möchte helfen und etwas finden, wo ich freiwillig einen Beitrag leisten kann. Aber wie oder wo soll ich anfangen?« Für gewöhnlich lautet dann meine Antwort: »Folgen Sie einfach der Stimme Ihres Herzens.«

Ich halte diese Antwort für richtig, selbst wenn wir in einer Welt leben, in der wir von anderen oft zu hören bekommen: »Folge deinem Herzen, und du erntest Schmerzen«, oder: »Riskiere für andere niemals Kopf und Kragen« oder: »Wir leben in einer schrecklichen Welt. Kümmere dich um dich selbst und deine Familie. Die anderen werden schon mit sich selbst zurechtkommen.«

Trotz dieser Botschaften vernehmen immer mehr Menschen so etwas wie einen »inneren Ruf«. Eine innere Stimme sagt ihnen, daß man in der Welt nur dann etwas ändern kann, wenn man anderen hilft. Es ist wie ein Aufschrei der menschlichen Seele, die sich auf diese Weise ausdrücken will, die erst durch Geben zu vollem Leben erwacht.

Dies ist ein Buch über Menschen, die ganz auf ihr Herz hörten und wahrhaftig etwas Bedeutendes veränderten. Einige von ihnen sind in der ganzen Welt, andere wiederum nur in ihrem eigenen Freundeskreis bekannt. Aus ihren Geschichten erfahren wir jedoch, daß sie alle ganz gewöhnliche Menschen sind, die etwas Außergewöhnliches getan haben. In gewissem Sinne kann dieses Buch daher als Anleitung betrachtet werden und die Menschen als unsere Lehrmeister, die uns in einer der einfachsten und zugleich profundesten Lektion unterweisen, die jeder von uns lernen kann, nämlich: »Geben heißt empfangen.«

Einer der gemeinsamen Nenner, die ich bei diesen Leuten fand, ist, daß sie gelernt haben, an sich selbst zu glauben und nicht auf diejenigen zu hören, die sagten, es gebe Grenzen, oder behaupteten, daß einige Dinge einfach nicht machbar seien. Diese wundervollen Menschen, ob jung oder alt, glaubten nicht an Worte wie *nicht machbar* oder *unmöglich*. Sie beschlossen, keine Schranken zu akzeptieren, und lernten, an sich selbst zu glauben und dem Feuer der Güte und der Liebe zu folgen, das in ihnen brannte und sie dazu inspirierte, auf ihr Herz zu hören.

Die Menschen in diesem Buch standen vor vielen Hindernissen, aber statt sich auf diese Hindernisse zu konzentrieren, richteten sie ihre Aufmerksamkeit auf deren Lösung. Ihre Kraft schöpfen sie aus ihrem Vertrauen und dem Glauben an die Liebe. Sie erinnern mich an jene einsame Blume im Gebirge, die einen Platz zum Wachsen und Blühen findet, obwohl es den Anschein hat, als bestünde alles um sie herum nur aus festem Gestein. Diese Menschen wußten, daß mit dem Glauben an die Liebe – obwohl dieser Glaube nicht größer als ein Körnchen zu sein schien – nichts unmöglich war. Dadurch zeigten sie, daß wir alle mit diesem Glaubenskörnchen die Kraft besitzen, unsere Liebe auf andere zu übertragen und sie mit ihnen zu teilen.

Als ich mit diesen Menschen sprach und sie näher kennenlernte, fühlte ich, daß jeder von ihnen tief im Inneren wußte, daß seine eigene Heilung irgendwie mit dem Wunsch und dem Willen, anderen zu helfen, zusammenhing. Keiner von ihnen hat es einfach »nur mal so« versucht. Für sie war es oberstes Gebot, anderen zu helfen. Mit ihrer Beharrlichkeit räumten sie sämtliche Hindernisse, die ihnen im Weg standen, beiseite. Wie Sie sehen werden, gaben alle von ihnen hundert Prozent und mehr. Es war ihnen klar, daß sie in erster Linie geben und nicht nehmen wollten. In allem, was sie taten, waren sie bestrebt, Liebe zu lehren und nicht Angst.

Die Motivation für dieses Buch liegt in meiner Kindheit. Als Schuljunge hatte ich einen Lehrer, der uns oft aus Büchern vorlas. Dabei bemerkte ich, daß meine Lieblingsbücher Biographien waren. Ich freute mich, wenn ich von Menschen erfuhr, die große Schwierigkeiten überwanden und etwas an dieser Welt veränderten. Auf ähnliche Weise lehrten mich meine Eltern durch ihr Vorbild, daß man alles erreichen kann, wenn man all seine Energie auf ein bestimmtes Ziel konzentriert und lange und hart genug arbeitet. Diese Lektion prägte meine beiden Brüder und mich selbst.

Der Glaube, daß jeder von uns etwas Besonderes bewirken kann, hat sich in mir am tiefsten verankert. Jeder kann sich für ein Leben entscheiden, von dem er in der Stunde des Todes sagen kann, daß die Welt durch ihn eine bessere geworden ist.

Meine Eltern waren immer besser im Geben als im Nehmen. An Feiertagen wie an Weihnachten hatten sie für den Postboten, den Eismann, den Mann von der Müllabfuhr und die Zeitungsjungen kleine Geschenke vorbereitet. Es bereitete ihnen großes Vergnügen.

Meine Eltern, einfache Einwanderer, waren sehr stolz auf die Tatsache, daß sie das scheinbar Unmögliche erreicht hatten. Als Neuankömmlinge in einer für sie fremden Gemeinschaft war es ihnen gelungen, ein eigenes Geschäft mit getrockneten Datteln und Feigen zu etablieren.

Sie entschieden sich, weniger für sich selbst als für ihre

Kinder zu leben. Ihren drei Söhnen ermöglichten sie eine gute Ausbildung und damit die Grundlage für etwas, das für sie selbst unmöglich gewesen war. Durch harte Arbeit und persönliche Opfer erreichten sie schließlich ihr Ziel – sogar weit mehr. Vor allem mein Vater war sehr stolz, weil ihm dies alles ohne große Schulbildung und Ausbildung gelungen war.

Durch meine Eltern lernte ich, das Leben als Herausforderung zu betrachten, und das ist wohl auch einer der Gründe, warum ich Biographien so sehr mag. Das Lesen fiel mir schwer, weil ich an einer Leseschwäche litt, aber ich las gerne über Menschen, die im Leben unglaublichen Herausforderungen trotzten und schließlich siegten. Für mich waren diese wahren Abenteuer viel spannender und interessanter als Romane oder Comics.

Die Menschen, über die ich las, wurden zu Rollenvorbildern für mich. In meiner Kindheit und frühen Jugend wurde ich häufig von negativen und selbstzerstörerischen Gedanken und Gefühlen heimgesucht. Als ich über Menschen las, die schwierige Hindernisse überwunden hatten, begann ich zu hoffen, daß auch ich eines Tages einen bedeutenden Beitrag für die Welt leisten konnte. Selbst damals glaubte ein Teil von mir, trotz aller Selbstzweifel und Ängste, daß es möglich sein müßte, in dieser Welt zu leben, ohne Schranken zu kennen, ja, daß nichts unmöglich sei.

Heute glaube ich ernsthaft, daß wir immer positive Rollenvorbilder finden können, mit denen man sich im Laufe seines Lebens identifizieren kann. Wir finden sie vielleicht in Menschen, die wir bereits kennen oder erst kennenlernen werden, vielleicht aber auch in Menschen, von denen wir gelesen haben, oder aber in Menschen, die bereits verstorben sind, aber deren Leben uns noch immer inspirieren.

Mit diesem Buch will ich erreichen, sowohl Sie als Leser als auch mich zu inspirieren und daran zu erinnern, daß jeder von uns etwas bewirken kann. Es ist ein Buch für alle Altersgruppen, denn ich glaube ganz fest daran, daß jeder von uns etwas verändern kann, egal, ob er drei Monate, drei Jahre oder gar hundertdrei Jahre alt ist. Jugend und Alter stellen keinerlei Hindernis dar. Ich hoffe, die Geschichten in diesem Buch inspirieren unabhängig von Alter und sozialem und wirtschaftlichem Rang zu kreativem Denken und Handeln.

Vielleicht ist die größte Einschränkung, die wir uns selbst aufbürden, der Glaube an die Angst statt an die Liebe. In bestimmten Lebensabschnitten voller Frustration, Sinn- und Hoffnungslosigkeit meinen wir, Opfer zu sein und ständig leiden zu müssen. Manchmal scheint es auch wirklich so, als gäbe es keinen Ausweg. In ähnlicher Weise machten viele von uns so schreckliche Erfahrungen, daß sie meinten, die Vergangenheit würde sich wiederholen. Unsere Herzen sind dann voller Angst und Wut, und wir machen das Überleben anstelle des Lebens selbst zu unserem Lebensziel. In solchen Zeiten ist es sehr schwer, die Lektionen der Lehrer, von denen in diesem Buch die Rede ist, zu glauben, nämlich, daß Geben gleich Nehmen ist.

Dieses Buch handelt von Menschen, die etwas bewirken und die mich ständig dazu inspirieren, mehr zu sein, als ich mir jemals vorgestellt hatte. Ich hoffe, ihre Geschichten und Lektionen inspirieren auch Sie. Und meine größte Hoffnung ist, daß sie in Ihnen eine unwiderstehliche Energie erzeugen und Ihrem Herzen Flügel verleihen, die es Ihnen gestatten, über alle selbstauferlegten Schranken hinwegzufliegen.

Ich glaube, diese Geschichten lassen uns und den Sinn unseres Lebens in einem neuen Licht erscheinen, damit wir unsere Einzigartigkeit, Menschlichkeit und Liebe erkennen und ehren können. Jede dieser Geschichten erzählt auf ihre Art von Liebe und Mitgefühl für unseren Planeten, für die gesamte Menschheit und alle Lebewesen des Universums.

Wie wir alle nur zu gut wissen, können Menschen äußerst

komplex sein. Unsere Wahrnehmung kann uns täuschen und irreführen. Sie kann uns dazu verleiten, andere als gut oder schlecht, unschuldig oder schuldig einzustufen. Es gibt viele verschiedene Fenster, durch die wir uns gegenseitig betrachten können. Ich habe mir für die Menschen dieses Buches das Fenster der Liebe ausgesucht.

Unser persönliches Selbst, unser Ego, täuscht uns nur allzuoft. Es sagt uns, daß es in unserer Welt darauf ankommt, wieviel wir tun und erreichen. Aber fast jeden Tag werde ich an die Worte von Mutter Teresa erinnert, die mir zu einem Zeitpunkt in meinem Leben, an dem ich deprimiert war und glaubte, nicht genug zu erreichen, sagte, daß es im Leben nicht wichtig sei, wieviel wir tun und erreichen, sondern wieviel Liebe wir geben. Weiterhin sagte sie, unsere Absichten seien das Wichtigste und daß wir den Frieden Gottes erführen, wenn unsere Gedanken und Handlungen von Liebe geleitet sind.

Immer und immer wieder führen mich meine Erfahrungen zu der Überzeugung, daß sich eine völlig neue Realität entfaltet, sobald wir einander mit dem Herzen betrachten. Sobald wir uns selbst als Liebe erfahren und an andere diese Liebe in kreativer Weise weitergeben, machen wir eine spirituelle Wandlung durch. Und durch eben diesen Prozeß beginnt sich die Welt so, wie wir sie wahrnehmen, zu verändern. Was soeben noch eine Welt voller Angst und Hoffnungslosigkeit war, verwandelt sich in eine Welt der Liebe und Hoffnung.

Liebe ist selbst nicht meßbar. Wenn wir Liebe geben, geschieht dies nicht in großen oder kleinen Portionen. Das Maß ist immer dasselbe – grenzenlos, vollständig, sich ständig auf andere ausdehnend und niemanden ausschließend.

Vielleicht besteht unsere größte Herausforderung darin, zunächst einmal alle Angst und sämtliche Schuldgefühle loszulassen und jeden Tag unser höheres Selbst um Rat zu bitten. Sobald wir lernen, auf die Antworten unserer inneren

Stimme zu hören, entdecken wir, wie wir unser Bewußtsein auf kreativste Weise auf liebende Gedanken, Worte und Taten lenken können. So bringen wir der Welt Freude, Liebe und Verbundenheit.

Wir alle können etwas bewirken, wenn wir verstehen, daß der Sinn unseres Lebens darin besteht, allen anderen das Geschenk bedingungsloser Liebe zu gewähren und zu vergeben.

Möge die Lektüre dieses Buches Sie dazu ermutigen, dieses unschuldige Kind in uns allen immer und überall zu lieben, zu hegen und zu pflegen und ihm jeden Moment des Tages zu widmen.

Kapitel 1

Zalinda Dorcheus

*Vergebung ist der Schlüssel
zum Glück.*

Obwohl es bereits viele Artikel und Bücher über die Vergebung gibt, ist diese trotzdem nicht einfach zu verinnerlichen und in der Praxis anzuwenden. Vielleicht besteht eine der Schwierigkeiten darin, daß wir in unserem Leben selten auf Menschen treffen, die uns grenzenlose Vergebung vorleben.

Ein Weg, Vergebung zu erlernen, ist der, Rollenmodellen oder Vorbildern zu folgen – das heißt, Menschen, die uns den Prozeß oder das Prinzip, das wir in unser eigenes Leben einbinden wollen, vorleben. Ich möchte Ihnen die Geschichte einer Frau erzählen, die für mich zu einer lieben Freundin und Lehrmeisterin in bezug auf die Vergebung wurde.

Anfang 1988 erhielt ich einen Brief von einer Frau namens Zalinda Dorcheus. Ihre Botschaft und ihre Geschichte erwiesen sich als ungewöhnlich und wichtig und halfen nicht nur mir, sondern auch vielen anderen. Lassen Sie mich von diesem Brief, der am 26. Dezember 1987 geschrieben wurde, erzählen.

Zalinda begann mit der Mitteilung, daß sie mir in der Vergangenheit unzählige Male geschrieben, aber ihre Briefe niemals abgeschickt hatte. Doch diesmal fühle sie ein wirkliches Bedürfnis, den Brief nicht nur zu beenden, sondern ihn auch abzuschicken.

Dann erzählte sie folgende Geschichte: »Im August des Jahres 1979 wurde mein zweiter Sohn im Alter von zwanzig Jahren ermordet. Ich könnte ein ganzes Buch darüber schreiben, wie dieser Mord mein Leben und das Leben meiner Familie und Freunde verändert hat.

Der Mann, der John getötet hat, wurde vor Gericht gestellt und wegen Totschlags verurteilt. Nach einigen Jahren begann er, sich um eine vorzeitige Entlassung zu bemühen. Als ich davon hörte, ging ich durch sämtliche Instanzen, um dies zu verhindern. Der Kampf dauerte viele Jahre. In dieser Zeit spürte ich eine Wut und Schmerzen, die ich noch nie zuvor verspürt hatte und die ich bis zum heutigen Tag nur schwer erklären kann.

Dann trat ich einer *Attitudinal Healing Group* in Boise, Idaho, bei und lernte langsam, die Dinge anders zu betrachten. Während dieser Zeit studierte ich auch das Buch *Ein Kurs in Wundern*. Aus Gründen, die ich zunächst nicht verstand, begann ich mich mit dem Mann, der wegen des Mordes an meinem Sohn im Gefängnis saß, einmal in der Woche zu treffen. Ich arbeitete sehr hart daran, ihm zu vergeben, und zu meiner Überraschung stellte ich fest, daß Vergebung gar nicht so schwer war, wie ich anfangs gedacht hatte.«

Während ich ihren Brief las, fiel mir besonders dieser Satz auf: »Nach und nach wurde er mir nicht nur sympathisch, sondern ich wollte ihm sogar helfen.« Sie gestand, daß es viele Probleme gab, an denen sie noch arbeiten mußte, und vermutete, daß dieser Prozeß noch lange andauern würde. »Manchmal«, so schrieb sie, »verstehe ich selbst nicht, was passiert. Ich weiß nur, daß ich tue, was ich tun muß, und daß es mir dabei gut geht. Schmerz und Wut habe ich genug erlebt.«

Dann erzählte sie, wie glücklich sie sich fühlte, als sich der Mann, der ihren Sohn ermordet hatte, bereit erklärte, zusammen mit ihr diesen Prozeß durchzumachen, und zwar mit Hilfe eines »wirklich großartigen und aufopfernden« Psychologen. Sie fügte hinzu: »Gemeinsam lasen wir Ihre Bücher *Wenn deine Botschaft Liebe ist..., Lieben heißt die Angst verlieren* und *Die Kunst zu vergeben*.«

In ihrem Brief erzählte mir Zalinda, daß sie wissen wollte, was ich von *Attitudinal Healing Groups* in Gefängnissen hielt. Sie spürte, daß dies vielleicht ein wichtiger Teil ihres weiteren Lebensweges sein würde.

Ihren Brief schloß sie wie folgt: »Vor allem danke ich Ihnen für die Hilfe, die mir Ihre Gedanken gaben. Ich spüre, wie ich selbst immer mehr mit Frieden und Liebe im Herzen handle. Das ist ein großartiges Gefühl, das ich gerne zurückgeben möchte. Danke.«

Zalindas Brief lehrte mich, daß ich niemals wirklich im voraus weiß, was für eine bedeutende Rolle ein Brief in meinem Leben spielen kann; und ebensowenig, wann oder wo in meinem Leben meine wichtigsten Lehrer auftauchen.

Die Geschichte von Zalindas Vergebung ist eine der eindrucksvollsten, die ich jemals gehört habe. Sie veranlaßte mich, meinen eigenen Glauben und den Glauben unserer Gesellschaft näher zu betrachten. Wenn ich zum Beispiel in meine Vergangenheit zurückblicke, sehe ich, daß mir meine Eltern beigebracht haben, daß manche Dinge im Leben unverzeihlich sind. Dazu gehörte ganz bestimmt ein Mord.

Im Laufe meines Lebens begann ich zu verstehen, daß wir in einer Welt leben, in der die Mehrheit der Menschen glaubt, daß viele Dinge unverzeihlich sind. Man betrachtet es nicht nur als abnormal, wenn man dem Mörder seines Ehegatten oder Kindes verzeiht, sondern sogar als Wahnsinn. Dem Mörder eines geliebten Menschen zu verzeihen, scheint ein berechtigter Grund, einen Psychiater aufzusuchen.

Zalinda erzählte mir, daß sie es sich anfangs zu ihrem Lebensziel gemacht hatte, Michael, den Mörder ihres Sohnes, für immer ins Gefängnis zu verdammen. Für sie war es keine Frage gewesen, daß das, was Michael getan hatte, unverzeihlich war. Sie verbrachte ihre gesamte Zeit damit, ihren eigenen Haß zu schüren. Jedesmal, wenn Michael ein Hafturlaub zustand, ging Zalinda mit Familie und Freunden zur Vernehmung und setzte alles daran, daß er im Gefängnis bleiben mußte.

In all den Jahren, in denen sie das tat, hatte Zalinda das Gefühl, daß ihre Emotionen und ihr Benehmen ganz normal und angemessen waren. Dann, vor ein paar Jahren, las sie eines meiner Bücher, *Lieben heißt die Angst verlieren,* woraufhin sie anfing, daran zu zweifeln, ob es einen Wert hatte, den Rest ihres Lebens in Haß und Rachsucht zu verbringen.

Zalinda begann das Buch *Ein Kurs in Wundern* zu studieren, das spirituelle Verwandlung, Vergebung und inneren Frieden als unser einziges Ziel ebenso betont wie auf die Stimme Gottes in uns zu hören. Sie begann sich zu fragen, ob es für sie jemals möglich sei, den inneren Frieden zu erreichen, statt nur den Haß und die Rachsucht zu verspüren, denen sie seit dem Mord an ihrem Sohn verfallen war.

Zalinda begann, die Lektionen im Arbeitsbuch des *Kurses* durchzuarbeiten, die das Loslassen der Vergangenheit und die Sinn- und Wertlosigkeit von Schuld und Tadel behandelten. Obwohl sich großer Widerstand in ihr regte, machte sie mit den täglichen Lektionen weiter und hörte auf die Stimme ihres Herzens, und die riet ihr, Michael zu schreiben.

Zalinda fing an, mit sich selbst zu hadern. Sie sagte sich: »Michael hat meinen Sohn getötet. Er ist mein Feind. Ich will nichts weiter, als daß er im Gefängnis bleibt.« Aber eine sanftere innere Stimme riet ihr, ihm zu schreiben, was sie schließlich auch tat. Widerstrebend und zitternd gab sie der Stimme nach.

Etwas später werde ich näher auf die genauen Einzelheiten eingehen. Jedenfalls begann sie nach einer gewissen Zeit, Michael zu besuchen. Allmählich fing sie an, ihn in einem anderen Licht zu sehen. Sie entdeckte in ihm positive Eigenschaften wie Liebe und Fürsorge und merkte, daß er auch noch eine andere Identität besaß, nicht nur die des Mörders ihres Sohnes. Mit dieser Entdeckung von Michaels menschlichen Qualitäten begann ein Prozeß der Vergebung. Zalinda setzte alles daran, seine Entlassung aus dem Gefängnis zu erwirken.

Ich brauche wohl nicht zu sagen, daß ich von Zalindas Geschichte überwältigt war. Eine der ersten Fragen, die mir einfiel, war: »Wenn einer meiner Söhne ermordet worden wäre, wäre ich dann wirklich dazu fähig, seinem Mörder zu vergeben?« Meine ehrliche Antwort darauf ist, daß ich mir dessen nicht sicher bin. Ich bezweifle ernsthaft, daß ich tun könnte, wozu Zalinda fähig war. Ich sage dies in dem Wissen, daß ich bereits viele Bücher über Vergebung geschrieben habe und deshalb glaube, daß wir niemals einen wahren inneren Frieden erreichen können, solange es jemanden in unserem Leben gibt, dem wir noch nicht ganz verziehen haben.

Habe ich mich selbst betrogen, als ich glaubte, daß völlige Vergebung notwendig ist, damit wir Frieden in uns selbst und in der Welt finden? Wenn es um persönliche Dinge ging und ich mir vorstellte, daß einer meiner Söhne umgebracht worden wäre, spaltete sich dann mein Verstand von meiner Überzeugung ab und wurde damit inkonsequent?

Obwohl mir Zalinda erzählte, wie sehr ihr meine Lehren dabei geholfen hatten, die Welt anders zu betrachten und zu lernen, was Vergebung wirklich bedeutete, wußte ich seit jenem Tag, als ich ihren Brief las, daß ich von ihr wesentlich mehr lernen konnte als sie von mir.

Ich telefonierte mehrere Male mit ihr. Danach spürte ich in meinem Herzen das hartnäckige Verlangen, mich mit Zalinda und Michael zu treffen. Ich wollte an der Essenz ihrer Erfahrung teilhaben. Ich glaube, ich mußte Zalinda und Michael ganz einfach persönlich kennenlernen, um den »ungläubigen Thomas« in mir zu beruhigen und zu beweisen, daß all dies Wirklichkeit war. Also traf ich mit Zalindas Hilfe die nötigen Vorbereitungen, um nach Boise, Idaho, zu fliegen und Zalinda und Michael in der staatlichen Strafvollzugsanstalt von Idaho zu interviewen.

In der Zwischenzeit traf ich mich jedoch monatlich zu Hause mit den Freiwilligen unseres Centers. Ich habe ein Gerät an meinem Telefon, das den im Raum Anwesenden gestattet, die Stimme des Anrufers zu hören. Zalinda sollte während eines der Treffen zu der Gruppe sprechen. Ich dachte, sie würde jedem der Anwesenden eine großartige Lehrerin sein, aber ich konnte nicht ahnen, welch immensen Eindruck sie hinterlassen würde.

In jener Nacht war eine ehemalige Schulinspektorin zugegen, die durch eine Bluttransfusion mit Aids infiziert worden war. Sie war noch immer voller Wut und Haß und gab allen Homosexuellen auf der Welt die Schuld an ihrer Krankheit. Sie hörte Zalindas Geschichte mit großem Interesse zu und war von dem, was sie hörte, so gerührt, daß sie den Groll und die rachesüchtigen Gedanken, an die sie sich so geklammert hatte, mit anderen Augen zu betrachten begann.

In jener Nacht gelang es ihr, sich von ihrem Kummer zu lösen, und am Tag darauf schrieb sie Zalinda einen Brief. Darin erzählte sie Zalinda, daß ihre Geschichte ihr entscheidend dabei geholfen hatte, ihren Groll gegenüber Homosexuellen aufzugeben und zu verzeihen. Der Haß in ihrem Herzen war verschwunden. Durch das Gespräch mit Zalinda hatte diese Frau wahrlich eine Verwandlung erfahren. Sie spürte, daß sie nie wieder dieselbe sein würde – ein Gefühl, das ich zugegebenermaßen mit ihr teile.

Drei Wochen später flog ich nach Boise in Idaho. Zalinda holte mich am Flughafen ab, und zusammen fuhren wir zum Gefängnis, um uns mit Michael zu treffen. Auf dem Weg dorthin fragte ich sie, ob sie einverstanden sei, wenn ich zunächst eine Stunde allein mit Michael verbrachte. Sie stimmte bereitwillig zu.

In Erwartung dieser neuen Erfahrung war ich ganz aufgeregt. Wie erwartet, gab es die üblichen Formalitäten und Verzögerungen, bis man mich ins Gefängnis ließ. Dann führte man mich zum Büro des Gefängnispsychologen. Ich war überrascht, einen fast gemütlichen Raum vorzufinden, der eine freundliche und lockere Atmosphäre vermittelte.

Michael, fünfunddreißig Jahre alt, kam herein. Er blickte etwas angespannt und ängstlich drein. Er war an die zwei Meter groß, schlank, und trug einen Schnurrbart. Ich sagte ihm, wie sehr ich es zu schätzen wisse, daß er sich bereit erklärt habe, sich mit mir zu treffen, und bat ihn, mir ein wenig über sich selbst und seine Geschichte zu erzählen.

»Ich bin 1954 in Los Angeles geboren«, begann er. »Als ich neun Monate alt war, zogen meine Eltern nach Pleasant Hill, Kalifornien, um. Dort blieben wir, bis ich ungefähr fünf war, dann zogen wir nach Walnut Creek, Kalifornien. Dort wuchs ich auf und ging zur Schule, bis wir 1976 nach Idaho umzogen. Zu jener Zeit war ich in der achten Klasse und machte gerade meine ersten Erfahrungen mit Drogen. Zunächst trank ich nur und rauchte Marihuana, danach stieg ich auf härtere Drogen um. Als ich sechzehn war, spritzte ich Heroin.«

»Haben Sie gestohlen, um sich das Geld für die Drogen zu beschaffen?« fragte ich ihn.

»Ja«, antwortete er. »Es waren kleinere Diebstähle – Kreditkartenbetrügereien und so – und Einbrüche. Ich wurde wegen des Gebrauchs einer gestohlenen Kreditkarte verhaftet und zu sechs Monaten Gefängnis und fünf Jahren Bewährung verurteilt. Aber ich hielt meine Bewährungsfrist nicht ein und wurde mit einem Fixerbesteck – Nadel etc. – erwischt, worauf man mich in das Rehabilitationszentrum von Kalifornien steckte. Im Januar 1976 wurde ich mit einer Bewährungsfrist von sieben Jahren entlassen und kam nach Idaho. Obwohl ich mit den harten Drogen aufhörte, trank ich weiterhin Alkohol.

Ich lebte mit zwei anderen Jungs zusammen und trank ziemlich viel. Eigentlich hatte ich nie einen richtigen Blackout, aber ich war ein ziemlich lauter, ekelhafter Trinker. Eigentlich wußte ich gar nicht, warum ich trank.«

»Könnten Sie mir bitte die Vorgänge schildern, die zu dem Mord führten?« fragte ich.

»Tja« antwortete er, »wir waren gerade von einer langen Reise zurückgekehrt. Sechs oder acht von uns waren schon ziemlich blau, wir hatten bereits zwei Flaschen Rum geleert. Wir beschlossen, in eine Bar zu gehen. John Dorcheus, den ich kannte, seit ich in Idaho war, war Rausschmeißer in dieser Bar. Wir blieben eine Weile da, und ich trank wie üblich viel und wurde ziemlich unausstehlich.

Irgendwann redete ich eine der Bedienungen unverschämt an. John kam dazu und sagte mir, daß ich verschwinden müsse, wenn ich es noch einmal täte. Ich wiederholte, was ich gesagt hatte, woraufhin er mich zum Gehen aufforderte. Beim Hinausgehen drehte ich mich schnell um und schlug ihn nieder. Er war sofort bewußtlos.«

»Was geschah dann?« wollte ich wissen.

»Die anderen Rausschmeißer eilten herbei und schlugen mich grün und blau. Dann kam die Polizei, und John erstattete Anzeige gegen mich. Auf dem Weg zum Kreisgefängnis brachten sie mich ins Krankenhaus, um meine Lippe zu nähen.

Ich hatte genügend Geld, um meine Freilassung durch Kaution zu erwirken. Als ich also wieder auf freiem Fuß war, ging ich in ein Seven-Eleven, um mir einen Burrito zu kaufen. Anschließend beschloß ich, bei John, der mein Freund war, vorbeizuschauen, um mich bei ihm zu entschuldigen. Ich dachte mir, daß eventuell die anderen Rausschmeißer ebenfalls da waren, deshalb nahm ich meine 32er Halbautomatik mit.«

»Weshalb nahmen Sie denn die Waffe mit?« fragte ich ihn.

»Ich dachte, falls sie da sind, könnte ich die Waffe ziehen, einige Schüsse in die Luft abfeuern und sie so sehr einschüchtern, daß sie mich nicht mehr schlagen würden und ich die Chance hätte, mit meinem Auto schnell zu verschwinden.

Natürlich stand ich unter Einfluß von Alkohol, was mich daran hinderte, klar zu denken. Es war in jener Nacht einfach ein Fehler in einer langen Reihe von Fehlern, die ich gemacht hatte. Ich will aber nichts an meinen Taten beschönigen oder so. Also die Vordertür stand offen. Ich trat ein und hörte, wie John zu einem Freund sagte: ›Ich habe dafür gesorgt, daß er ins Gefängnis kommt.‹

Ich ging hinein und sagte: ›So, du hast mich also ins Gefängnis gebracht, was?‹ Als John mich sah, sprang er vom Bett hoch und sagte: ›Da bringe ich dich auch wieder hin.‹

Ich feuerte zur Warnung zweimal in die Luft. Er ging auf mich zu, und wir kämpften miteinander. Dann riß er mir die Brille herunter und schlug gegen meine rechte Hand, die die Waffe hielt. Noch während er meine Hand packte, gingen mehrere Schüsse los. Er wurde am Arm, Brust, Magen und Kopf getroffen. Er fiel auf mich. Ich schob ihn zur Seite, stand auf und rannte, so schnell ich konnte, zu meinem Auto, setzte mich hinein, ließ den Motor an und fuhr bis nach Walnut Creek.

Am nächsten Tag beschloß ich, nach Boise zurückzufliegen, wo ich mir einen Anwalt nahm und mich stellte. Ich wurde wegen Totschlags verurteilt, bekam lebenslänglich und zusätzlich fünfzehn Jahre für den Besitz einer Waffe bei der Ausübung eines schweren Verbrechens.«

»Michael«, fragte ich, »wie sind Sie denn mit Ihrer Schuld und Ihrer Selbstachtung zurechtgekommen?«

»Das war am schwersten«, antwortete er. »Wie ich schon

sagte, stellte ich mich. Ich wollte für das, was geschehen war, geradestehen, konnte es aber nicht. In dem Zustand, in dem ich mich damals befand, war mir wahrscheinlich gar nicht klar, was ich überhaupt getan hatte. Und als ich hörte, was bei der Verhandlung alles herauskam und was die Leute sagten, fühlte ich mich hundeelend. Ich wußte nicht, wie ich mit meiner Schuld umgehen sollte.

Ich war so aufgewühlt, daß ich dachte, ich würde niemals mehr aus dem Gefängnis herauskommen, obwohl ich vielleicht für einen Hafturlaub in Betracht käme.«

»Wie haben Sie denn versucht, im Gefängnis mit Ihrer Schuld fertig zu werden?« fragte ich.

»Ich litt einfach«, antwortete er. »Ich schien nichts dagegen tun zu können. Oft dachte ich an Selbstmord. Als Zalinda mich kontaktierte, war ich bereits über neun Jahre im Gefängnis, ohne Hoffnung, jemals herauszukommen. Und ich war dort eher ein Einzelgänger gewesen.«

»Waren Sie überrascht, als Ihnen Zalinda sagte, daß sie Sie besuchen wollte?«

»Ja, das war eine große Überraschung«, sagte Michael. »Mein Anwalt teilte mir mit, daß ihn Zalinda angerufen hatte, weil sie mich besuchen wollte. Er sagte, sie hätte genug von all dem Haß und wolle herkommen, um sich mit mir zu treffen. Er riet mir zwar davon ab, aber ich stimmte zu.

Zalinda steht mittlerweile auf meiner Besucherliste. Ich weiß nicht, wie ich es ausdrücken soll, aber als Zalinda herkam und mir schließlich verzieh ... nun, das nahm mir einfach diese ungeheure Last von den Schultern. Irgendwann fing ich sogar an, an eine Entlassung zu denken und daran, ganz normal weiterzuleben.«

In diesem Augenblick betrat Zalinda das Büro des Psychologen. Ich sagte ihr, wie weit wir mit dem Interview waren, und bat sie, die Vorgänge zu schildern, die dazu geführt hatten, Michael zu kontaktieren.

Zalinda erzählte also die Geschichte aus ihrer Sicht: »Mein einziger Wunsch war, Michael für den Rest seines Lebens hinter Gittern zu sehen. Wann immer er für einen Hafturlaub an der Reihe war, war ich da, um es zu verhindern. Erst als ich anfing, Ihre Bücher zu lesen, merkte ich, daß man die Dinge auch anders sehen konnte. Mir wurde klar, daß ich nicht den Rest meines Lebens in Wut und Schmerz verbringen konnte. Ich entschied mich anders.

Aber es war ein langer und harter Weg. Ich erinnere mich an eine Anhörung bezüglich Michaels Antrag auf vorzeitige Entlassung. Ich stand im Zeugenstand und schilderte erneut, warum ich der Meinung war, daß das Strafmaß nicht verkürzt werden sollte. Während meiner Aussage beschloß ich, Michael direkt in die Augen zu sehen, um ihn einzuschüchtern. Aber zu meiner Überraschung hielt Michael meinem Blick stand. Irgendwie dachte ich, daß er mir mitteilen wollte, wie leid ihm das alles tat.

Mein Sohn Greg und ich hatten einen Brief geschrieben, in dem unter anderem stand, daß uns bewußt war, wie sehr Michaels Eltern litten und wie sehr sie sich wünschten, daß er freikam. Als die Anhörung zu Ende war, spürte ich Michaels Eltern hinter mir. Ich drehte mich um, schüttelte ihre Hände und sagte, daß ich immer gewußt hatte, wie sehr auch sie gelitten hatten, nicht nur wir. Wir weinten alle, und Michaels Mutter umarmte mich, drückte mich an sich und sagte, daß sie mich in ihre täglichen Gebete eingeschlossen hatte.

Daraufhin meldete sich diese leise Stimme in meinem Herzen und sagte: ›Verzeih. Tu es einfach!‹ Aber mein Ego widersetzte sich und argumentierte: ›Das kannst du doch nicht tun. Deine Familie wird dich für verrückt erklären.‹ Aber ich beschloß, es trotzdem zu tun, egal, wie die anderen darüber dachten.«

Ich sagte Zalinda, daß es den Anschein hätte, als hielten die Leute es in einem solchen Fall für normal, jemanden weiter zu hassen, und für verrückt, wenn man sich für Vergebung und Liebe entschloß. Dann wandte ich mich an Michael: »Das haben Sie wohl als allerletztes erwartet..., daß die Mutter des Menschen, den Sie getötet haben, auf Sie zukommt und Sie darum bittet, mit ihr zusammen einen Weg der Vergebung auszuarbeiten. Erzählen Sie mir doch, wie Sie darauf reagierten.«

»Nun, meine erste Reaktion war dieselbe wie die meines Anwalts«, antwortete Michael. »Wir dachten beide, daß da ein anderes Motiv dahintersteckt. Ich hatte schreckliche Angst. Wir wußten ja nicht, was sie vorhatte. Ich hatte Angst, daß sie sich rächen wollte. Aber es kam ganz anders.«

Hier der bemerkenswerte Brief, den Zalinda am 5. Oktober 1989 an Michael schrieb:

Michael Kaiser!

Nach meinem Gespräch mit Mr. Lynn [Michaels Anwalt] nehme ich an, daß Sie dieser Brief nicht besonders überrascht.

Ehrlich gesagt habe ich keine genaue Vorstellung von einem Gedankenaustausch zwischen uns. Meine Gefühle sind immer noch sehr schwankend und schmerzlich, aber ich versuche, stark zu bleiben. John war mein Sohn und ein ganz besonderer Mensch. Ich vermisse ihn jeden Tag aufs neue.

Aber für meinen inneren Frieden und mein eigenes Seelenheil ist, so glaube ich, die Zeit gekommen, einen Weg der Vergebung zu suchen. Ich möchte Ihnen aber gleich von Anfang an gestehen, daß ich das hauptsächlich für mich selbst tue. Irgendwie meine ich, daß mir ein Gespräch mit Ihnen weiterhelfen würde. Ich weiß noch nicht, ob wir beide uns etwas zu sagen haben oder ob ich überhaupt in der Lage bin, Ihnen zu vergeben, aber ich habe das sichere Gefühl, daß dies der notwendige, nächste Schritt ist.

Zalinda Dorcheus

Ich fragte Zalinda, wie ihr erstes Treffen mit Michael gewesen sei, und sie antwortete: »Ich war sehr nervös. Ich machte Michael klar, daß dieser Besuch ganz und gar eigennützig war. Schließlich mußte ich meine eigenen Gefühle in den Vordergrund stellen. Obwohl ich mich nicht weiter an Haß und Wut klammern wollte, wußte ich, daß beide Gefühle noch immer vorhanden waren. Ich war auch ehrlich mit meinen Gefühlen und weinte viel. Ich stellte Michael einige Fragen, die mich schon seit Jahren gequält hatten, und er beantwortete sie ganz offen.«

Eine dieser Fragen lautete: »Hat John leiden müssen?« Und eine weitere: »Wußte er, was auf ihn zukam?«

Zalinda fuhr fort: »Bei diesem ersten Treffen gab es viele Momente des Schweigens, weil wir beide nicht genau wußten, was wir sagen sollten. Bald besuchte ich ihn wöchentlich.«

Nach einigen weiteren Besuchen im Gefängnis begann Zalinda, sich von ihren alten Vorstellungen, die sie von Michael hatte, zu lösen. Es gelang ihr, Michael in der Gegenwart und nicht mehr nur in der Vergangenheit zu sehen. Als sie über diese Veränderung ihrer Betrachtungsweise sprach, konnte ich nicht umhin, an die vielen Probleme unseres Egos zu denken, die uns das Verzeihen so schwer machen.

Es sind zwei Dinge, die uns unser Ego mit aller Kraft glauben machen will: erstens, daß es Menschen auf dieser Welt gibt, die so Unverzeihliches tun, daß wir sie deshalb bis zum Ende ihres Lebens und sogar noch darüber hinaus hassen müssen. Zweitens, daß man, sobald man vergibt, immer wieder verletzt wird. Unser Ego will unseren Haß weiter schüren, damit wir niemals vertrauen und ständig auf der Hut vor einer neuen Verletzung bleiben. Es möchte uns glauben machen, daß sich die Vergangenheit ständig wiederholt und es unmöglich ist, in der Gegenwart wahren Frieden zu finden.

Zalinda hatte erst nach vielen Jahren des Schmerzes und des Hasses begonnen, sich zu ändern. Ihr einziges Ziel war nun ihr innerer Frieden. Obwohl sie sich nicht sicher war, daß sie verzeihen konnte, wollte sie vergeben. Aus diesem Grund ließ sie es zu, daß ihr innerer Lehrer in ihrem Herzen ihre negativen Gedanken umwandelte. Schließlich wurde ihr klar, daß sie dies nicht allein schaffen würde.

»Durch die Gespräche mit Michael«, fuhr Zalinda fort, »lernte ich viel. Ich war so voller Wut und Schmerz gewesen, daß ich keinen Augenblick lang daran gedacht habe, was jemand durchmacht, der im Gefängnis sitzt. Ich hatte nicht einen Gedanken daran verschwendet, daß sie zwar schlimme Verbrechen begangen haben, aber trotzdem fürsorgliche, sensible und verletzliche Menschen sein können.

Jetzt sah ich nicht nur Michael in einem anderen Licht, sondern merkte darüber hinaus, daß es im Gefängnis viele Leute gab, die vom *Attitudinal Healing* profitieren könnten, wenn sie lernten, ehrlich und offen über ihre Gefühle zu sprechen. Michael und ich haben uns viel voneinander erzählt und gelernt, uns zu vertrauen und zu mögen.«

Während Zalinda sprach, hielt sie Michaels Hand, und Tränen liefen über ihre Wangen. Auch ich mußte weinen, als ich sah, wie Zalinda, eine Mutter, deren Sohn ermordet worden war, mit Zärtlichkeit und Liebe in die Augen seines Mörders blickte.

Alles war einfach und rein. Ich konnte nicht die Spur von Feindseligkeit, Haß oder Wut entdecken. Wir befanden uns innerhalb der Mauern eines Staatsgefängnisses, und dennoch war der Raum voller Frieden und Ruhe. Dieses Bild werde ich im Herzen haben und niemals vergessen.

Als ich Michael fragte, ob er sich denn selbst verziehen habe, antwortete er: »Bis zu einem gewissen Grad ja. Ich weiß nicht, ob ich je fähig sein werde, mir ganz zu verzeihen, aber ich versuche es und vertraue darauf, daß es mir mit Zalindas Hilfe vielleicht eines Tages gelingen wird.«

An dieser Stelle unterbrach uns Zalinda: »Michael, du

weißt, daß ich dir verziehen habe und das Ganze für mich kein Problem mehr ist. Ich kann dich anschauen, ohne an die alte Geschichte zu denken. Ich sehe dich einfach als den Menschen, der du jetzt bist.«

»Ich denke an all diese Jahre voller Wut und Haß. Sie haben doch bestimmt nicht im Traum daran gedacht, daß Vergebung möglich sei«, warf ich ein.

»Nie und nimmer habe ich das für möglich gehalten«, antwortete Zalinda. Michael und ich hörten zu und waren tief bewegt, als sie erzählte, wie sie den Weg der Vergebung gewählt hatte. Wir erfuhren, wie ihr die Lektüre und das Studium von *Ein Kurs in Wundern* geholfen hatten zu verstehen, daß es einfach eine andere Betrachtungsweise geben mußte.

»Durch meinen Haß und meine Verbitterung zerstörte ich mich selbst. Mein Körper litt, und es schien mir, als vergifte der Haß meinen Körper von innen heraus. Mir gingen zum Beispiel die Haare aus. Ich bekam Schwierigkeiten mit der Blase und mit der Galle, und an der Hand hatte ich einen schrecklichen Ausschlag, der nicht mehr verschwinden wollte.

Irgendwie wußte ich, daß, wenn ich überleben wollte, Vergebung keine Möglichkeit, sondern eine Notwendigkeit war. Es war ein schwerer Kampf, denn wenn ich nur daran dachte, Michael zu vergeben, fühlte ich mich schon als Verräterin an meiner Familie und meinen Freunden, die mich doch immer so unterstützt hatten. Lange, lange Zeit focht ich diesen inneren Kampf aus.

Nachdem ich Michael mehrere Monate lang besucht hatte, merkte ich, daß er nicht der kalte, sadistische Killer war, für den ich ihn zunächst gehalten hatte. Er war vielmehr ein Mann, der wegen Drogen und Alkohol auf die schiefe Bahn geraten war. Er hatte einen schrecklichen Fehler begangen, aber gleichzeitig spürte ich, daß man ihm die Chance geben sollte, sein Leben fortzusetzen. Die Vergebung war wichtig für mich und für ihn. Es war die einzige Möglichkeit, um zu überleben.«

In jener Nacht aß ich mit Zalinda im Haus eines gemeinsamen Freundes zu Abend. Irgendwann bemerkte unser Gastgeber, daß Zalinda Michael seiner Meinung nach vergeben konnte, weil sie eine außergewöhnliche Frau war. Ich fiel ihm ins Wort: »Nein, nein! Das ist doch das Schöne an ihrer Geschichte. Ich glaube von ganzem Herzen, daß Zalinda ein ganz normaler Mensch ist. Der springende Punkt ist der, daß das, was sie *tat*, ungewöhnlich war. Das gibt mir und anderen die Hoffnung, daß auch wir es schaffen können. Sie selbst war es, die ihre Vorstellung von Michael veränderte: Aus einem Feind wurde ein Freund. Hielte ich Zalinda für einen außergewöhnlichen Menschen, würde das eine Barriere zwischen uns schaffen, und ich wäre versucht zu sagen, daß sie es schaffte, weil sie außergewöhnlich ist, und daß ich es nicht schaffe, weil ich normal bin.«

Als ich am nächsten Tag nach San Francisco zurückflog, hatte ich wieder das Bild von Michael und Zalinda vor Augen, wie sie sich als Freunde an den Händen hielten. Ich stellte mir vor, daß auch wir anderen, ähnlich wie Zalinda mit dem Mörder ihres Sohnes, in der Lage sein müßten, kranke Beziehungen zu heilen.

Fast sofort erschien mir im Geist das Bild eines Menschen, den ich seit vielen Jahren kenne und zu dem ich noch immer ein schlechtes Verhältnis habe. Plötzlich, ohne mein Zutun, fühlte ich eine Zuneigung und Liebe zu diesem Menschen, die ich mir niemals hätte vorstellen können.

Da saß ich nun im Flugzeug, die Tränen liefen mir über die Wangen, und ich verspürte einen tiefen, grenzenlosen Frieden. In diesem Moment wußte ich, daß meine Beziehung zu diesem Menschen geheilt war. Es war eine Heilung, die ein Teil meiner selbst niemals für möglich gehalten hätte. Noch mehr Tränen flossen, Tränen der Erlösung und Tränen der Dankbarkeit gegenüber Zalinda, die mir so viel über Vergebung beigebracht hatte.

Seit meinem Besuch in Idaho ist vieles passiert. Zalinda kam nach Tiburon, um ein Seminar in *Attitudinal Healing* zu besuchen, weil sie weiterhin an *Attitudinal Healing* in Gefängnissen interessiert ist. Alle in unserem Center halfen ihr und unterstützten sie bereitwillig. Sie setzte sich auch tatkräftig für Michaels Freilassung ein. Michael hat mir oft geschrieben und mich gebeten, ihm zu einer Arbeit zu verhelfen, und ich tat mein Bestes.

Während Michaels letzter Verhandlung, in der es um eine Strafaussetzung ging, sprach sich Zalinda dafür aus, und aufgrund ihrer Aussage wurde Michael am 17. Juli 1989 entlassen. An diesem bedeutsamen Tag holte ihn Zalinda mit dem Auto ab. Er hatte auch bereits eine Arbeit, die auf ihn wartete.

Nachwort – Kurz nachdem Michael aus dem Gefängnis entlassen worden war, brachte *The Today Show* eine Dokumentation über Michael und Zalinda. Daraufhin bekam Zalinda mehrere Angebote, ihre Geschichte zu verfilmen.

Viele Jahre meines Lebens hatte ich gedacht, daß grenzenlose und uneingeschränkte Vergebung nur von wenigen außergewöhnlichen Menschen verwirklicht werden könne. Ich war immer der Meinung gewesen, daß es in unserer Welt nicht nur unmöglich, sondern auch gefährlich sei, seinen Feinden zu verzeihen. Jetzt hatte ich den Beweis, daß es wahrlich eine andere Betrachtungsweise gab.

Zalindas Geschichte zeigt, daß das spirituelle Prinzip der Vergebung durchaus praktisch anwendbar sein kann. Nur unser Ego macht es uns manchmal schwer. Nachdem man Zalinda mitgeteilt hatte, daß Michaels Freilassung bevorstand, rief sie mich an und gestand mir ganz ehrlich:

»Jerry, meine erste Reaktion war eine freudige Erregtheit. ›Endlich, es wurde auch Zeit, daß diese Qual ein Ende nimmt‹, dachte ich. Aber dann kehrten zu meinem Erstaunen einige der alten Gefühle wie Wut, Haß und Rachegelüste zurück. Ich fragte mich, ob es richtig war, was ich getan hatte. Das dauerte nicht lange an, aber ich merkte, daß Vergeben ein Prozeß ist, der ewig andauert. Ich weiß, daß ich das Richtige getan habe, und ich bin froh über meine Entscheidung. Ich habe gelernt, wie wichtig es ist, sich von der Vergangenheit zu lösen.«

Ich weiß, daß ich in Zalinda eine Freundin fürs ganze Leben gefunden habe. Für sie und ihren Sohn Greg war es keine leichte Entscheidung gewesen, ihrem Glauben und ihren Gefühlen zu folgen, besonders da diese den Überzeugungen ihrer Gemeinde und Familie zu widersprechen schienen. Zalinda und Greg riskierten viel, aber mit ihrem Tun bereiteten sie den Weg zu einer Heilung innerhalb ihrer Gemeinde und Familie und vielleicht auch darüber hinaus. Ich freue mich ganz besonders, ihre Geschichte anderen mitteilen zu können, da ich weiß, wie sehr sie dazu beitragen kann, uns alle zu heilen.

Kapitel 2

Henri Landwirth

*Wer sich von seinem Groll befreit,
weiß, daß er in Sicherheit ist.*

Henri Landwirth war ein ganz außergewöhnlicher Lehrer für mich, weil er mir zeigte, daß man sich durch Hilfe am Nächsten von der Vergangenheit und dem damit verbundenen Groll lösen kann. Obwohl er Prüfungen zu bestehen hatte, die jenseits der Vorstellungskraft der meisten von uns liegen, gab Henri niemals auf. Henri ist der lebende Beweis dafür, daß nichts unmöglich ist und daß jedes Problem durch Liebe gelöst werden kann.

Bevor ich fortfahre, möchte ich von einem persönlichen Erlebnis berichten, das mir Henris Geschichte noch dramatischer erscheinen ließ. Im Januar 1989 besuchte ich den Ort, an dem seine Geschichte begann. Dieser Ort war das Konzentrationslager der Nazis in Auschwitz, wo während des Zweiten Weltkriegs Tausende von Juden starben, nachdem sie zuvor unglaubliche Qualen erleiden mußten. Ich kann meine Gefühle nicht mit Worten beschreiben. Der Besuch war eine der eindrücklichsten Erfahrungen, die ich je gemacht habe, und ich habe den Schock immer noch nicht ganz überwunden und verarbeitet. Er bleibt eine schlimme Erfahrung, die nicht in Worten ausgedrückt werden kann.

Ich war in einem bitterkalten Winter dort. Ich trug einen Mantel, lange Unterhosen, einen Pullover, Anzug, Handschuhe und einen Hut und fror trotzdem. Der Führer, der uns durch das Gefangenenlager führte, erklärte uns, daß viele Gefangenen nur in Lumpen gehüllt oder völlig nackt gewesen waren. Dies war unvorstellbar, ebenso wie die Grausamkeit, Angst, Isoliertheit und Einsamkeit, die die Menschen an diesem Ort ertragen hatten, an dem Millionen von ihnen getötet worden waren. Als ich die Gebäude durchschritt und mich auf dem Boden bewegte, auf dem sich buchstäblich Millionen von Gefangenen befunden hatten, konnte ich nicht umhin, mir die Frage zu stellen: »Hätte ich, wäre ich hier gewesen, auch nur einen Tag überlebt?«

Als ich durch das Tor in den äußeren Hof trat und über die schmutzigen Wege zwischen den Baracken schritt, erstarrte ich förmlich, als mir klar wurde, daß Tausende und Abertausende wie ich hier gewesen waren. Aber im Unterschied zu mir hatten sie nur wenig oder gar nichts gehabt, das sie vor dem quälenden Hunger und der täglichen Folter und dem Tod schützte.

Der Führer geleitete uns in eine der Baracken, die man zu einem Museum umgebaut hatte. Drinnen gab es mehrere Räume von der Größe eines Wohnzimmers, die alle eine Glaswand hatten. Einer der Räume war mit Menschenhaar gefüllt, das man den Leichen abrasiert hatte, um Stoffe daraus zu weben.

Ein zweiter Raum von ungefähr derselben Größe war bis oben mit orthopädischen Krücken und Metallprothesen gefüllt. In einem dritten Raum sah ich Schuhe aller Größen, die einst Männern, Frauen und Kindern gehört hatten und die sich jetzt bis zur Decke stapelten. Im vierten Raum befanden sich Koffer, an denen immer noch die Namensschilder klebten. Im fünften waren Bilder von Gefangenen zu sehen, von Kindern und Erwachsenen, die sich in verschiedenen Stadien des Hungertodes befanden. Viele von ihnen sahen aus wie Skelette, über deren Knochen sich die Haut spannte. Niemals hätte ich mir vorgestellt, daß man mit so wenig Fleisch am Körper am Leben bleiben konnte.

Anschließend geleitete uns der Führer zu den Baracken, in denen die Gefangenen geschlafen hatten. Wir sahen mit Stroh gefüllte, aufeinandergeschichtete Holzgestelle, in die man Dutzende von Menschen wie Sardinen gepreßt hatte. Dann zeigte man uns in einem kleinen Hof die gefürchtete »Todeswand«, an die man Tausende von Gefangenen gestellt und erschossen hatte. Die Leichen wurden anschließend von Mitgefangenen weggetragen.

An einem Ende des Gefängnishofes, unter der Erde, war die sogenannte Gaskammer, ein großer Raum von neun mal fünfzehn Metern, wo die Gefangenen vergast wurden. Die Leichen brachte man dann in den angrenzenden Raum, wo man ihnen das Gold aus dem Mund brach, bevor man sie schließlich verbrannte.

Über dem Verbrennungsofen ragte ein großer, runder Metallkamin in den Himmel. Das erinnerte mich an einen Geschäftsmann, den ich kannte und der den Holocaust überlebt hatte. Er erzählte mir einmal von diesem Kamin und sagte, daß er jahrelang an keiner Fabrik mit einem Kamin vorbeigehen konnte, ohne den Geruch von verbranntem Menschenfleisch zu riechen.

Noch vor Ende der Führung begann mein ganzer Körper zu schmerzen. Noch nie hatte ich Unbehagen, Schrecken und Angst von solchem Ausmaß verspürt. Es war die schlimmste und schmerzlichste Erfahrung, die ich in meinem ganzen Leben gemacht hatte.

Während ich dies schreibe, einen Monat nach meinem Besuch in jenem Gefangenenlager, befinde ich mich noch immer in großer Trauer und Sorge. Ab und zu muß ich innerlich wie auch äußerlich für diese unglücklichen Seelen weinen, die sich während des Zweiten Weltkriegs in Auschwitz und anderen Konzentrationslagern befanden. Aber noch während ich in einer tiefen Depression zu versinken drohte, wußte ein Teil von mir, daß ich bisher immer Lehrer gefunden hatte, die mir über meine begrenzte Wahrnehmungsfähigkeit hinweghalfen. Und tatsächlich besaß ich bereits einen wundervollen Lehrer und Freund. Sein Name ist Henri Landwirth.

Henri war Gefangener in Auschwitz. Ich fragte mich, ob ich, wenn ich wie Henri zu den Überlebenden gehört hätte, mich jemals von der Angst, der Wut und dem Groll würde befreien können. Wäre ich jemals in der Lage gewesen, ein normales Leben zu führen? Könnte ich jemals wieder Vertrauen und Liebe empfinden? Und würde ich jemals das Risiko eingehen, zu geben und mich anderen Menschen zu nähern?

Alte Fragen, die ich längst für beantwortet gehalten hatte, tauchten wieder auf. Wieder fragte ich mich: »Gibt es in dieser Welt vielleicht doch Taten, die unverzeihlich sind? Ist es besser, Groll zu hegen, um sich vor weiterem Unheil zu schützen?«

Auf meinem spirituellen Weg, den ich seit vierzehn Jahren verfolgte, war ich zu der Überzeugung gelangt, daß es keinen Wert hatte, Haß und Wut im Herzen zu tragen. Aber nach dieser erschütternden Erfahrung in Auschwitz begann ich an dieser Überzeugung zu zweifeln. Vielleicht hatte ich mich ja doch getäuscht. In diesem Moment spürte ich, wie Haß und Wut in jede einzelne Zelle meines Körpers eindrangen.

Dann fiel mir Henri ein, und als ich über sein Leben nachdachte, ließ ich von meinem Groll ab. Henri ist ein bemerkenswerter Mann und ein lieber Freund. Er weiß nicht einmal, wie sehr er mir half, die Welt mit anderen Augen zu sehen. Er hat uns allen viel über den Sinn des Lebens und der Heilung zu sagen. Mit seiner Willenskraft gelang es ihm, Schmerz und Wut in Liebe und Fürsorge zu verwandeln. Er wirft Licht auf einen Pfad, dem wir alle folgen können, auf dem wir nicht mehr in der Vergangenheit zu leben brauchen, um uns an Haß und Bitterkeit zu klammern. Er zeigt uns, daß es möglich ist, sich mit der Vergangenheit zu versöhnen und eine höhere Bewußtseinsstufe zu erreichen, egal, wie schrecklich diese Vergangenheit auch gewesen sein mag.

Wie Sie bei der Lektüre von Henris Geschichte sehen werden, ist er ein Mensch, der durch seine Art zu leben lehrt. Er zeigt uns, daß es immer möglich ist, sich von der Vergangenheit und ihren Ängsten zu lösen und all seine Energie auf die Gegenwart zu richten – durch Liebe, Fürsorge und Geben, auch wenn man die schrecklichsten Grausamkeiten, die die Menschheit kennt, erlitten hat. Vielleicht finden am Beispiel von Henri diejenigen unter uns, die in der Vergangenheit Schreckliches erlitten haben, die nötige Anleitung, um sich von ihrem Groll zu lösen und dadurch die Freiheit zu erlangen, sich völlig dem Leben in der Gegenwart, der Liebe, der Fürsorge und Hilfe an anderen zu widmen.

Diane Cirincione, meine spirituelle Partnerin, und ich lernten Henri im Juni 1988 in Florida bei einer unserer Vorlesungen kennen. Wir fühlten uns sofort zueinander hingezogen. Es war der Beginn einer herzlichen und engen Beziehung. Unsere Freundschaft begann mit dem Gefühl, daß wir uns bereits seit Anfang unseres Lebens kennen. Es war fast so, als wären wir Brüder, die sich vor langer Zeit verloren und nun endlich wiedergefunden hatten. Als er uns dann noch die Geschichte seines Lebens erzählte, wußte ich, daß ich ihn in dieses Buch mit aufnehmen mußte.

Als wir uns kennenlernten, war Henri einundsechzig Jahre alt. Er kam am 7. März 1927 als Sohn jüdischer Eltern in Antwerpen in Belgien zur Welt. Henri ist ein gutaussehender Mann mit einem wunderbaren Lächeln. Während unseres Gespräches wäre ich nie auf die Idee gekommen, daß er so viel Schlimmes erfahren hatte. Und doch, Henris Jugendjahre verliefen alles andere als angenehm. Als Kind war er Gefangener in Auschwitz und in mehreren anderen Konzentrationslagern der Nazis. Ich war entsetzt, als Henri die schrecklichen Grausamkeiten beschrieb, die er in diesen Lagern erlebt hatte. Wut und Haß stiegen in mir auf. Ich wollte ganz einfach nicht glauben, daß Menschen so grausam zueinander sein können.

Ich hatte schon immer Schwierigkeiten gehabt, mir vorzustellen, wie jemand, der die Erfahrung eines Konzentrationslagers durchgemacht hatte, sein Leben ganz normal fortsetzte und erfolgreich, vertrauensvoll, fürsorglich und liebevoll sein konnte. Ich weiß jedoch, daß ich von Henris Geschichte und dem, was er seit den schrecklichen Jahren der Gefangenschaft mit seinem Leben angefangen hat, ein wunderbares Gespür für das Heilen empfangen habe. Ich erzähle seine Geschichte nicht, um besonders auf deren Brutalität einzugehen, sondern um Licht auf die Quelle der Großzügigkeit und der Stärke seiner persönlichen Philosophie des Gebens und der Liebe zu werfen.

Als Amerika 1941 in den Zweiten Weltkrieg eintrat, war ich sechzehn Jahre alt und besuchte die High-School in Long Beach, Kalifornien. Nach meinem Schulabschluß 1943 hatte ich das Glück, zum V-12-Programm der Marine zugelassen zu werden. Durch dieses Programm erhielt ich meine medizinische Ausbildung und arbeitete später als Soldat in einem Marinekrankenhaus in Kalifornien. Henris Leben hätte nicht in größerem Gegensatz zu dem meinen stehen können.

1940, als Henri dreizehn war, zog seine Familie nach Polen, in das Geburtsland seines Vaters. Zu jener Zeit war Henris Vater Vertreter für Bekleidungswaren, und die Familie führte ein angenehmes Leben. Henri hat viele wunderbare Erinnerungen an ein enges und trautes Familienleben und an seine Mutter, eine offene und vitale Frau, die das Leben liebte. Vater und Mutter gingen fast jeden Abend zum Tanzen.

»Meine Eltern waren wundervoll«, sagte er mir. »Wir hatten ein sehr enges, liebevolles Verhältnis zueinander.«

Henri hatte eine Zwillingsschwester, mit der ihn etwas ganz Besonderes verband. Die Kraft dieser Liebe war schließlich die Quelle jener starken Entschlußkraft, die sie nach einer langen Trennung durch den Krieg wieder zusammenbrachte.

Henri erzählte mir, daß sein Vater eines Tages von der Arbeit nach Hause kam und verkündete, daß die Deutschen Polen besetzen wollten. Er erklärte seiner Familie, daß ihr Leben in Gefahr sei und daß sie Europa deshalb verlassen müßten.

»Ich weiß, wie wir Europa über Rußland verlassen können. Dann gehen wir nach China«, entschied Henris Vater.

Seine Mutter war jedoch dagegen. »Solange ich ein Bett habe und meine Familie zusammen ist, möchte ich bleiben«, sagte sie.

Kurz darauf kamen die Deutschen, und bald danach wurde Henris Vater verhaftet und ins Gefängnis gesteckt. Seine Familie sollte ihn nie wiedersehen. Erst viele Jahre später erfuhren sie, was mit ihm passiert war. Er war kurz nach seiner Verhaftung erschossen worden.

Wenige Monate nachdem sein Vater von den Nazis verhaftet worden war, brachte man Henri in das Konzentrationslager bei Auschwitz. Er war ein äußerst kräftiger Junge von ungefähr vierzehn Jahren und deshalb eine gute Arbeitskraft. Während er mir diesen Teil seiner Geschichte erzählte, erinnere ich mich an mein eigenes Leben während dieser Jahre. Während ich in die High-School in Los Angeles eintrat, betrat Henri eine geisteskranke Welt, in der Kindheit und Jugend abrupt aufhörten.

Henri war nicht der einzige. Tausende von Kindern, von denen viele noch jünger waren als er, wurden in die Konzentrationslager geschickt. Man kann unmöglich mit Worten beschreiben, wieviel Schmerz und Leid diese Kinder, die so plötzlich von ihren Eltern getrennt wurden, durchgemacht haben. Und nach der Trennung wußten nur wenige, ob ihre Eltern und Geschwister, Verwandte und Freunde noch am Leben waren. Ebensowenig wußten sie, ob sie selbst noch den nächsten Tag erleben würden. Plötzlich fanden sie sich in einer Welt wieder, in der alles, was sie bisher über Vertrauen, Glaube und Liebe gewußt hatten, seine Gültigkeit verloren hatte.

Im Laufe des Interviews verstummte Henri viele Male. Hinterher erklärte er, daß er ganz einfach nicht die Worte gefunden hatte, um die Zustände in den Lagern zu beschreiben.

»An vieles erinnere ich mich nicht mehr«, sagte er. »Aber ich habe immer noch den Geruch der Krematorien in der Nase. Ich erinnere mich an die Schläge, die Gehenkten und die Menschen, die um mich herum an Hunger und Krankheit starben. Die schlimmsten Qualen waren der schreckliche Hunger und der Durst. Hunger ist für den Menschen eines der schlimmsten Gefühle überhaupt.«

Während Henri sprach, fühlte ich, wie mein Adrenalinspiegel anstieg und mein Magen sich verkrampfte. Ein Teil von mir wollte gar nicht wissen, was er mir über die Unmenschlichkeiten, die sich Menschen gegenseitig zufügten, berichtete. Ein anderer Teil von mir hörte jedoch angestrengt zu und wollte wissen, wie dieser Mann Prüfungen bestehen konnte, die ich selbst für unmöglich gehalten hätte.

»Von Auschwitz wurde ich in ein noch schlimmeres Lager gebracht«, fuhr Henri fort. Er erzählte mir von einem unterirdischen Lager, wo er und seine Mitgefangenen gezwungen wurden, in einer Fabrik zu arbeiten, in der man Luftabwehrgeschütze herstellte. Insgesamt waren es ungefähr zweitausend Gefangene. In diesem Gefängnis wurden sie schlimmer als Tiere behandelt.

»Jeden Tag ließen sie uns fast nackt oder nur spärlich bekleidet zehn Meilen laufen. Wir wurden auf verschiedenste

Weise gefoltert.« Henri verstummte. Er beschrieb nicht, auf welche Weise er und seine Kameraden gefoltert wurden. Ich hatte das Gefühl, daß er darüber nicht sprechen konnte.

»Von dem Lager, in dem wir Waffen herstellten, wurden wir in ein weiteres Lager geschickt, und das war noch schlimmer«, fuhr Henri schließlich fort. »Und von dort in ein unterirdisches Lager in der Nähe von Dresnow in Deutschland. Ich hatte keine Ahnung, wo ich war, da ich die ganze Zeit über kein Licht, keine Sonne und nichts, was außerhalb des Gefängnisses lag, zu sehen bekam.

Viele Gefangene starben an Thyphus, und manchmal aßen gesunde Gefangene die Reste auf, die die Kranken übriggelassen hatten, obwohl sie wußten, daß sie davon vielleicht ebenfalls Typhus bekamen. Aber sie wollten wenigstens einmal das Gefühl des Sattseins haben.«

Während ich Henri zuhörte, fragte ich mich immer wieder, ob ich mit dreizehn Jahren damit fertiggeworden wäre, im Gefängnis und von meinen Eltern getrennt zu leben. Was mag es gewesen sein, das Henri überleben ließ, obwohl so viele um ihn herum starben? Vielleicht gab ihm die unerschütterliche und absolute Entschlossenheit, seine Eltern wiederzusehen, die nötige Stärke.

Gegen Ende des Krieges entstand in dem Lager, wo Henri gefangengehalten wurde, eine Untergrundbewegung. Eines Tages wurde Henri von einigen Mitgliedern gebeten, einen »Fehler zu machen«, der die von ihm fabrizierten Luftabwehrwaffen sabotieren sollte. Danach sollte er vom Typhus infizierte Nahrung zu sich nehmen; die Deutschen würden ihn dann ins Krankenhaus einliefern, und dort sollte er von den Kameraden aus dem Untergrund befreit werden. Er stimmte dem Plan zu.

»Eigentlich wurden wir nur während der letzten Stunden unseres Lebens ins Krankenhaus eingeliefert«, erklärte Henri.

Er nahm das infizierte Essen zu sich und wurde schnell krank. Das hohe Fieber versetzte ihn in einen tranceähnlichen Zustand.

»Man brachte mich ins Krankenhaus«, sagte er. »Mitten in der Nacht, als ich weder wußte, was ich tat, noch wo ich war, kam jemand herein und gab mir zu trinken.«

Als Henri am nächsten Morgen erwachte, lagen rings um ihn herum Tote. Er war der einzige Überlebende und wurde sofort wieder ins Lager zurückgeschickt.

»Danach«, sagte Henri, »war ich nie wieder ganz normal. Viele meiner Freunde starben, und ich riet allen wegzulaufen. ›Kommt, laßt uns weglaufen!‹ flüsterte ich ihnen zu. ›Warum sich hier umbringen lassen? Ebenso können wir uns auch auf der Flucht erschießen lassen.‹«

Als die russischen und amerikanischen Truppen immer näher kamen, wurde das Lager, in dem Henri sich befand, zur Zielscheibe, da es als Waffenfabrik bekannt war. Bei den Bombenangriffen der Alliierten starben sowohl Gefangene als auch deutsche Soldaten. Nachdem nur noch dreihundert von den ursprünglich zweitausend Gefangenen übrig waren, entschlossen sich die Deutschen zur Evakuierung. Nach einem Fußmarsch von zwei Tagen erreichten sie eine große Scheune.

»Laßt uns weglaufen! Hauen wir ab!« forderte Henri seine Kameraden auf.

Aber ein deutscher Soldat hörte ihn. »Er schlug mir mit dem Gewehrkolben über den Kopf«, sagte Henri. »Blutüberströmt fiel ich in einen Heuhaufen und verlor das Bewußtsein. Als ich aufwachte, waren die anderen Gefangenen alle weg. Weil die Deutschen geglaubt hatten, ich sei tot, ließen sie mich zurück. Aber irgendwann fingen mich die Soldaten wieder ein und brachten mich in ein anderes Gefängnis.

Es war schrecklich«, erinnerte sich Henri. »Überall wimmelte es von Ratten und Mäusen, und aus den Rohrleitungen lief das Wasser. Damals wollte ich sterben, weil ich es einfach nicht mehr aushielt.

Nach einigen Tagen holte man mich aus dem Gefängnis und brachte mich auf einen Platz außerhalb einer kleinen Stadt. Ich weiß nicht, wo das war. Es waren viele Soldaten da und auch noch zwei von den anderen Gefangenen. Da ich die deutsche Sprache beherrschte, verstand ich, was einer der Soldaten zu mir sagte. ›Wir haben Befehl, euch hinzurichten, aber der Krieg ist fast vorbei. Stellt euch mit dem Gesicht zum Wald, und wenn wir die Gewehre heben, lauft los.‹ Es war wie ein Wunder, denn die Soldaten, die den Befehl hatten, uns zu erschießen, ließen uns laufen.

Viele Wochen irrte ich umher und schlief in Kirchen oder auf Dachböden. Mein Essen mußte ich stehlen. Meine Füße waren wund, und ich hatte starke Schmerzen, aber aus Angst, ich könnte nochmals in Gefangenschaft geraten und umgebracht werden, wollte ich keinen Arzt aufsuchen. Mein Zustand war nicht wirklich normal. Meine Angst war mir gar nicht bewußt. Es war, als hätte ich keine. Ich war wie verrückt.«

Henri landete in einer Stadt in der Tschechoslowakei, wo er ein verlassenes Haus fand, in dem er schlief. Dort fand ihn eine Frau, die erklärte: »Der Krieg ist vorbei. Wohin wollen Sie denn?«

Henri erinnert sich, daß er zu der Frau sagte: »Ich kann nicht hierbleiben. Der Krieg ist nicht vorbei.«

Die Frau überzeugte Henri davon, daß er ohne weiteres mit ihr die Straße zu ihrem Haus überqueren konnte. Dort schaltete sie das Radio an, damit er die Nachrichten vom Ende des Krieges hören konnte.

Der Mann und die Frau ließen Henri ein Bad ein – das erste seit Monaten –, und sie pflegten ihn wieder gesund. Als er kräftig genug war, daß er weiterreisen konnte, machte er sich auf den Weg nach Krakau in Polen, um sich nach seiner

Familie zu erkundigen. In Krakau gab es ein Zentrum für ehemalige Kriegsgefangene. Sie erhielten dort Nahrungsmittel und tauschten Informationen über den Verbleib ihrer Familien und Freunde aus.

Henri bekam Arbeit bei einem Zahnarzt, wo er auch schlafen konnte. Während der Mittagspause ging er immer in die Stadt, um sich nach Freunden und Verwandten zu erkundigen. Eines Tages sah er in der Trambahn eine Frau, die ihm bekannt vorkam, obwohl er weder ihren Namen kannte noch wußte, wo er sie schon einmal gesehen hatte. Als sie an der nächsten Haltestelle ausstieg, folgte er ihr automatisch. Er bat sie stehenzubleiben. »Ich würde gerne wissen, wer Sie sind«, sagte er.

»Wenn Sie mich weiter verfolgen, rufe ich die Polizei«, entgegnete die Frau.

»Bitte sagen Sie mir doch, wer Sie sind«, bat Henri.

»Nein! Lassen Sie mich in Frieden«, beharrte die Frau.

Ohne zu wissen, warum, sagte Henri laut den Namen seiner Mutter, woraufhin die Frau wie angewurzelt stehenblieb. Sie drehte sich um und wartete, bis Henri sie eingeholt hatte. Dann führten sie ein langes Gespräch miteinander. Der Name der Frau war Zawuska, und sie war vor der deutschen Besetzung Polens die beste Freundin von Henris Mutter gewesen.

Während Henri mir dies erzählte, dachte ich unwillkürlich, daß Liebe wohl ein Gedächtnis besitzt, das niemals vergißt. Die Liebe, die wir im Laufe unseres Lebens empfangen, erzeugt ein Licht, das man nicht ausschalten kann. Und wenn wir die Quelle dieser Liebe anzapfen, geschehen Wunder, die jenseits unseres intellektuellen Verständnisses liegen. Henris Geschichte lehrt uns, daß, wenn wir uns mit der Intensität eines Laserstrahls auf die Liebe in unseren Herzen konzentrieren, so wie er es getan haben muß, alle Schranken fallen und das Unmögliche wahr wird.

Am nächsten Tag fuhr eine Limousine vor dem Zahnarztbüro vor, in dem Henri wohnte und arbeitete. Der Fahrer stieg aus und fragte nach Henri.

»Herr und Frau Zawuska möchten Sie zu sich nach Hause einladen«, sagte der Fahrer. »Nehmen Sie Ihre Sachen gleich mit. Sie können dort auch wohnen.«

Henri ließ sich vom Chauffeur zum Haus der Zawuskas bringen. Als diese sahen, wie krank er war, sorgten sie für die bestmögliche medizinische Betreuung. Als sich sein Gesundheitszustand besserte, merkte er, daß er gar nicht mehr wußte, wie man sich bei Tisch benimmt. In den vier Jahren im Konzentrationslager hatte er es vollkommen vergessen.

Als seine Gesundheit endlich wiederhergestellt war, machte sich Henri auf die Suche nach überlebenden Familienmitgliedern. Er fand heraus, daß man seine Mutter zusammen mit zweitausend anderen Frauen wenige Wochen vor Ende des Krieges an Bord eines Schiffes gebracht hatte. Das Schiff war ausgelaufen, und man hatte es auf hoher See in die Luft gejagt. Es gab keine Überlebenden.

Fast gleichzeitig erfuhr er, daß seine Schwester möglicherweise zusammen mit einigen anderen Frauen in einer kleinen Stadt in Deutschland lebte. Er machte sich zu Fuß und per Anhalter auf den Weg und legte auf diese Weise Hunderte von Kilometern zurück.

»Eines Morgens«, sagte er, »erreichte ich die Kleinstadt, in der meine Schwester angeblich lebte. Ich erkundigte mich überall nach ihr. Schließlich traf ich jemanden, der eine Frau, auf die meine Beschreibung zutraf, kannte und mir sagte, wo ich sie finden könnte.

Als wir noch Kinder waren, pfiffen meine Schwester und ich auf eine ganz bestimmte Weise, um uns zu rufen«, erklärte mir Henri lächelnd. »Als ich also vor besagtem Haus stand, pfiff ich. Nach einer Weile kam ein Mann heraus und fragte mich, was ich wollte. Ich sagte ihm, daß ich meine Schwester Margot suchte.

›Hier gibt es keine Frau namens Margot‹, sagte der Mann.«

Henri erinnerte sich, daß sie sich als Kinder besondere Namen gegeben hatten. Sie hatte ihn Didek genannt und er sie Doda. Er fragte also den Mann, ob er eine Frau namens Doda kenne, und der Mann bejahte!

Henri beschrieb mir das wundervolle Wiedersehen mit seiner Schwester mit leuchtenden Augen. Er war außer sich vor Freude. Noch nie war er so glücklich gewesen. »Es war wie ein Wunder!« sagte er mir.

Wieder dachte ich daran, daß die Kraft der Liebe keine Grenzen kennt. Sie besitzt eine wundervolle Energie, die alle Hindernisse überwindet. Wenn wir der Energie der Liebe vertrauen, die immer in uns ist, spüren wir, daß wir die Kraft zur Überwindung aller Probleme und Schwierigkeiten besitzen.

Nach ihrem Wiedersehen beschlossen Henri und seine Schwester, in die Vereinigten Staaten auszuwandern. Viele Monate vergingen, bis sie die nötigen Papiere besorgt hatten. Während dieser Zeit heiratete seine Schwester und wurde schwanger. Sie gingen also zu dritt nach Belgien, wo ihr Baby zur Welt kam.

In Belgien erlernte Henri den Beruf des Diamantenschleifers. 1950 emigrierte er mit zwanzig Dollar in der Tasche in die Vereinigten Staaten, wo er zunächst als Diamantenschleifer arbeitete. Aber bereits kurz nach seiner Ankuft wurde er eingezogen.

Nach zweijährigem Kriegsdienst in Korea besuchte er in New York eine Hotelfachschule. Im Jahre 1954 heiratete er. Die Flitterwochen verbrachten er und seine Frau in Florida. Es gefiel ihnen dort so gut, daß sie blieben. Er lebt noch heute dort.

»Als ich nach Florida zog, hat sich vieles für mich geändert«, erkärte er mir. »Ich wurde Manager eines Luxushotels und kam mit vielen wunderbaren Leuten zusammen, vom

Armen bis zum Würdenträger. Ich leitete Holiday-Inn-Hotels, und 1969 erhielt ich die Konzession für ein Holiday Inn in Disney World.« Mittlerweile besitzt Henri ein Luxushotel mit 672 Zimmern in Disney World und plant den Bau eines weiteren Hotels.

Als er seine Geschichte beendete, dachte ich viel über die Schwierigkeiten nach, die Henri gemeistert hatte. Ich stellte ihm folgende Frage: »Was war für Sie das Schlimmste in Ihrem Leben?«

»Der Hunger«, antwortete Henri. »Nichts ist schlimmer als das. Hunger kann man nicht erklären. Man muß ihn spüren. Erst dann weiß man, wie schlimm das ist. In den Konzentrationslagern mußten wir ständig auf den Tod gefaßt sein. Der Hunger war immer da. Wenn man hungrig ist, kann man an nichts anderes denken, und die niederen Instinkte gewinnen die Oberhand.«

Ich möchte betonen, daß Henri beschlossen hat, trotz der schrecklichen Erlebnisse seiner Jugendjahre nicht verbittert durchs Leben zu gehen. Er betrachtete sein Leben vielmehr als sehr wertvolle, »geschenkte Zeit«. Er hat sich nicht für ein Leben, in dem die Vergangenheit ständig präsent ist, entschieden, sondern versucht, so gut es geht, in der Gegenwart zu leben.

Jetzt führt er ein Leben voller Dankbarkeit. Er glaubt, daß seine Aufgabe darin besteht, die Welt zu umarmen, sie zu einer besseren Welt zu machen und zu zeigen, daß ein einzelner durch Geben etwas verändern kann. Geben ist zu seiner Lebensart geworden. Auf diese Weise dankt er Gott für sein Leben.

Zum Zeitpunkt meines Interviews hatte Henri gerade angekündigt, daß er das Management seiner Hotels abgeben wollte, um seiner Arbeit in der Weltfriedensbewegung mehr Zeit widmen zu können.

Er ist Gründer einer Organisation namens *Give Kids the*

World. Ihre Funktion besteht darin, todkranken Kindern zu helfen. *Give Kids the World* lädt diese Kinder zusammen mit ihren Familien nach Disney World ein und übernimmt sämtliche Kosten einschließlich Unterkunft und Verpflegung.

Für mich ist Henri ein Mensch, der intuitiv weiß, daß die blutenden Narben seiner Vergangenheit nicht durch Analyse und intellektuelle Auseinandersetzung geheilt werden können, sondern durch ein Leben, das durch Nächstenliebe und Hilfe auf die Gegenwart bezogen ist. Er erweist sich als wertvoller Lehrer, weil er uns allen zeigt, daß durch Helfen und Lieben die Einengungen unseres Herzens verschwinden und unser Herz sich ausdehnt. Was einst wie eine Leere in unserem Herzen erschien, eine Leere, die niemals ausgefüllt werden konnte, wird geheilt und mit Liebe ausgefüllt, indem man anderen seine Liebe gibt. Für mich war sein Leben ein inspirierendes Beispiel dafür, wieviel man über Vertrauen, Entschlußkraft und Hoffnung lernen kann.

Im Jahre 1988 beschloß Henri, in Disney World sein eigenes Dorf zu bauen, wo sich die Kinder mit ihren Familien kostenlos aufhalten konnten. Man achtete sorgfältig darauf, Rollstuhlrampen und andere spezielle Vorkehrungen für die Kinder nicht zu vergessen. Für die Familien ist die Anlage eine Oase der Hoffnung, Freude und Entspannung. Die vielen Briefe, die Henri von den verschiedenen Familien erhalten hat, beweisen, welch unschätzbaren Wert dieses großzügige Unternehmen darstellt.

Ich weiß, was dieses Werk den Kindern bedeutet, die in das Dorf kommen. Das erste Mal hörte ich von Henri durch eine freiwillige Mitarbeiterin im *Center for Attitudinal Healing* in Tiburon in Kalifornien, wo wir mit todkranken Kindern arbeiten. Die Frau erzählte mir von einem Zeitungsartikel über Henri und schug vor, ihn anzurufen, damit eines unserer Kinder ebenfalls das Kinderdorf von Disney World besuchen konnte.

Durch unsere Kinder im *Center for Attitudinal Healing* weiß ich über die Schmerzen und Sorgen dieser Familien genauestens Bescheid. Menschen wie Henri Landwirth und Organisationen wie *Give Kids the World* sind für diese Kinder ein Geschenk Gottes. Henry opfert auch Zeit und Geld für andere Projekte, u. a. ein Programm für Obdachlose und Hungernde. Ebenso setzt er sich aktiv für ältere Menschen ein, für die er eine Anlage in Orlando gebaut hat. Ständig sucht er nach neuen Wegen, wie er anderen helfen kann.

Ich fragte Henri, ob er sein Lebensziel in Worte fassen könne. Ohne nachzudenken antwortete er mir: »Am wichtigsten ist: Ich will zurückgeben. Ich habe den unbändigen Wunsch, zurückzugeben. Mein Leben hat sich in vielen verschiedenen Bereichen erfüllt. Viele Jahre lang hatte ich kein Ziel vor Augen. Jetzt beginne ich langsam, viele Dinge zu sehen. Die wirklich wichtigen Dinge im Leben kommen an die Oberfläche.«

Während unseres Gesprächs mußte ich daran denken, welch bemerkenswertes Beispiel er doch für das Prinzip, daß nichts unmöglich war, abgab. Und zwar nicht nur, weil er die Schrecken von Auschwitz überlebt hat, sondern auch, weil er im Hotelgeschäft so erfolgreich ist und sein Geld zum Wohle seiner Mitmenschen verwendet.

Vor allem aber lehrt uns Henri Demut, denn vieles, was er tut, geschieht ohne viel Aufhebens. Er zieht es vor, im Hintergrund zu bleiben, und heischt nicht nach Anerkennung. Trotzdem wurde er 1989 in Anerkennung seiner Dienste an der Menschheit, von denen viele nie an die Öffentlichkeit gelangen werden, vom Institute for Caring in Washington, D. C., zu »einer der zwölf fürsorglichsten Personen der Vereinigten Staaten« gewählt. Ihm geht es nicht um Geld, sondern um Geben und Helfen. In seiner persönlichen Philosophie und in seinen Taten zeigt sich, daß Henri das Geben als Teil seiner eigenen Heilung ansieht.

Henri besitzt die unheimliche Fähigkeit, sich genauestens auf das jeweilige Projekt, an dem er gerade arbeitet, zu konzentrieren. Dabei entgeht ihm nicht das kleinste Detail. Bei seiner Arbeit für den Weltfrieden gehen persönliche Dankesschreiben an alle, die ihm bei dem jeweiligen Projekt geholfen haben. Henri hat gelernt, sich auf die Gegenwart zu konzentrieren und die Zeit in den Konzentrationslagern zu vergessen. Statt sich an den Schmerz seiner Vergangenheit zu klammern, hat er beschlossen, sich von diesem zu lösen, und aus jenen schrecklichen Tagen des Leidens zu lernen.

Zu allen Zeiten hieß es, daß alles, was uns widerfährt, in eine positive Lektion umgewandelt werden kann. Während ich mich mit dem Buch *Ein Kurs in Wundern* beschäftigt habe, fand ich einen Satz, der mir sehr viel bedeutet: »In jedem Ding steckt eine Lektion Gottes.«

Mir scheint, daß uns Henri dieses Prinzip sehr deutlich vorlebt. Er könnte, wie so viele, den Rest seines Lebens in Bitterkeit verbringen und sich ständig als unschuldiges Opfer betrachten. Er entschied jedoch, sich weder als Opfer zu betrachten noch seine Schmerzen aus der Vergangenheit zu idealisieren. Durch Konzentration und harte Arbeit näherte er sich dem Erfolg.

Als Henri mit seiner Geschichte fortfuhr, betonte er nochmals, daß sein Lebensziel nicht der finanzielle Erfolg sei. Im Gegenteil, er hatte bemerkt, daß der finanzielle Erfolg ihm kein wahres Glück gebracht hatte. Den Ausgleich, den er benötigte, war der innere Erfolg. Er stellte fest, daß er wahre Erfüllung nur in der Fürsorge und Zuwendung zu anderen fand. Henri lehrt uns, daß wahre Freude weder durch materiellen Erwerb noch mit Rache zu erreichen ist, sondern nur durch den brennenden Wunsch, anderen zu helfen.

An diesem Punkt des Interviews fragte ich Henri, ob er seinen Kindern – Gary, Greg und Lisa – jemals von seinen Kriegserlebnissen erzählt hatte.

»Nein«, antwortete er, »ich habe bisher noch mit niemandem darüber gesprochen. Was ich Ihnen heute erzählt habe, hat vorher noch nie jemand zu hören bekommen.«

Als ich Henri fragte, wie sehr ihn die Erlebnisse in Auschwitz immer noch schmerzten, antwortete er: »Das werde ich niemals vergessen. Als ich aus dem Konzentrationslager entlassen wurde, war ich voller Haß. Heute hasse ich nicht mehr. Das kommt, glaube ich daher, daß ich mich auf die Gegenwart konzentriere und anderen helfe. Das hilft mir dabei, nicht an die Vergangenheit zu denken.

Aber ich denke noch oft an meine Eltern. Und dann wird der Schmerz, der ihnen widerfahren ist, auch heute noch zu meinem Schmerz. Aber ich bin der Meinung, daß mir meine Zeit geschenkt wurde und daß ich sie deshalb nicht mit Haß, sondern Fürsorge für andere verbringen muß.«

Ungefähr zu der Zeit, als ich Henri kennenlernte, traf ich mich zu Hause jeden Monat mit einer Gruppe, die einen Teil ihrer Kindheit in Konzentrationslagern verbracht hatte. Wie Henri hatten viele von ihnen ihren eigenen Kindern ihre Erlebnisse während des Holocausts auch nie erzählt.

Ich hatte das Gefühl, daß sie ihre schmerzlichen Erinnerungen verdrängten, weil sonst ihre alten Wunden wieder aufbrechen würden.

Viele von ihnen haben aber mittlerweile begonnen, ihren Kindern von ihren Erlebnissen zu erzählen, denn sie erkannten, daß es zur Erlangung des inneren Friedens notwendig war, ihre Schmerzen zu offenbaren, sie zu ehren, um sie dann loszulassen. Viele von diesen Menschen bewegen sich mittlerweile auf spirituellen Pfaden und widmen ihr Leben dem Dienst am Nächsten.

Als ich über all das nachdachte, sagte ich zu Henri: »Vielleicht wäre es hilfreich für Ihre Kinder, etwas über die Konzentrationslager der Nazis zu erfahren.«

Henri überlegte und sagte dann: »Ich weiß auch nicht,

warum ich nie etwas gesagt habe, aber ich habe es immer aufgeschoben. Ich wollte einfach ein normales Leben führen und die Vergangenheit vergessen.«

Nach einer Weile fuhr er fort: »Das Problem ist, daß unsere Generation ausstirbt. Ich habe vieles getan, um die Welt über den Krieg zu informieren. Ich habe sogar mitgeholfen, daß man Subventionen für Filme über den Holocaust bereitstellt.«

Einige Zeit nach diesem Interview hatte ich die Gelegenheit, mir einige der Filme, bei deren Finanzierung er geholfen hatte, anzusehen. Sie waren alle ausgezeichnet. Es gibt vieles, was der Betrachter von diesen Filmen lernen kann. Für mich war eines am wichtigsten: Wir dürfen uns niemals derart einschüchtern lassen, daß wir in einen Zustand der Apathie verfallen. Die Filme schärften mein Bewußtsein für die menschlichen Ungerechtigkeiten dieser Welt, so daß ich aktiv etwas dagegen unternehmen möchte. Durch sie wurde mir auch bewußt, wie wichtig es ist, nicht kurzsichtig zu handeln, sondern die Dinge im großen Rahmen zu sehen und den festen Willen zum Helfen zu entwickeln.

Henri genießt heute eine innere Heiterkeit, die ihm früher versagt geblieben war. Ich fragte ihn, ob das Geld ihn daran gehindert habe, seine Lebensaufgabe früher zu erkennen.

»Nein, das Geld ist schon in Ordnung«, antwortete er. »Solange man es richtig benutzt... das Geld hilft mir, die Dinge, die ich tun möchte, in die Tat umzusetzen. Ich trete grundsätzlich keinen anderen Organisationen bei und gebe auch kein Geld an Gruppen. Ich gebe meine Spenden ohne fremde Hilfe und trete dabei auch nicht in der Öffentlichkeit in Erscheinung.

Mein Ziel ist es, Ruhe und Frieden zu finden. Ich bin viel zu oft im Streß, zu kritisch und aufgebracht. Ich hoffe, daß ich einmal Frieden finden kann. Danach suche ich. Jetzt habe ich manchmal das Gefühl, ihm näherzukommen.«

»Sie sprachen von Wundern, die ihnen sowohl während des Krieges in Deutschland als auch hier widerfuhren«, sagte ich. »Meinen Sie, Wunder haben etwas mit Gott zu tun?«

»Nun«, antwortete Henri, »ich glaube an Gott. Ich weiß zwar nicht, was das ist, aber ich glaube an Gott, und ich glaube an den Glauben. Was mir widerfahren ist, möchte ich in meiner eigenen Denkweise Glauben nennen. Es ist meine Bestimmung, hier zu sein. Und es ist meine Bestimmung, all diese Dinge zu tun.«

»Könnte man sagen, daß Sie einem Plan Gottes folgen?« fragte ich.

»Richtig«, antwortete Henri. »Daran glaube ich ganz fest. Ich sehe das Ganze so: Vor dreiundvierzig Jahren hat Gott mir mein Leben neu geschenkt. Es ist Gottes Wille, daß ich heute lebe.«

Darauf fragte ich: »Was soll, wenn Sie einmal nicht mehr sind, auf Ihrem Grabstein stehen?«

Henri antwortete: »Auf meinem Grabstein soll stehen: Er tat sein Bestes, um der Welt Liebe und Frieden zu bringen.«

Nachwort – Im Februar 1989 finanzierte Henris Organisation *Give Kids the World* den Aufenthalt von dreizehn Menschen aus der Sowjetunion in Disney World. Vier todkranke Kinder kamen mit ihren Müttern; eines der Kinder wurde von der Großmutter begleitet. An der Aktion waren das *Center for Attitudinal Healing* und *Children as Teachers of Peace* beteiligt.

Als ich 1989 in Polen war, hatte ich einen Achtzehnjährigen mit Leukämie getroffen. Ich bat Henri, dem Jungen eine Reise in die Vereinigten Staaten zu bezahlen. Drei Monate später war die Freude riesengroß, als der Junge und seine Mutter als Gäste von *Give Kids the World* nach Disney World kamen. Und so geht das Geben immer weiter.

Wir können viel von Henri Landwirth lernen. Er zeigt uns,

daß es möglich ist, sich von Haß, Wut, Rachegedanken und Bitterkeit zu lösen. Er ist ein Paradebeispiel für die wunderbare Fähigkeit des menschlichen Herzens, mit den größten Mühen fertigzuwerden, wenn wir nur darauf vertrauen.

Gott sei Dank mußten die meisten von uns in dieser Welt nicht dieselben Erfahrungen wie Henri machen. Dennoch glauben viele unter uns immer noch, daß man sich an seinen Groll klammern und ein Leben führen soll, das auf die eigenen Bedürfnisse zugeschnitten ist. Henri zeigt uns, daß es immer möglich ist, loszulassen, egal, wie groß Kummer und Schmerz sind.

Er zeigt uns außerdem, daß der Weg der Selbstheilung über die Liebe und Fürsorge am Nächsten führt. Henri lebt ganz und gar in der Gegenwart und nicht in der Vergangenheit.

Durch meine Freundschaft zu Henri habe ich so viel gelernt, daß es schwierig für mich ist, das alles in einer logischen Reihenfolge aufzuführen. Ich glaube jedoch, daß wir vieles voneinander lernen, und zwar nicht nur von biographischen Details, sondern vom Wesen der Person selbst. Dieses Wesen findet man zwischen den Details und läßt sich nicht mit Worten beschreiben.

Wenn Henri sich von seiner Vergangenheit lösen konnte, dann besteht die berechtigte Hoffnung, daß dies auch Ihnen und mir gelingen kann. Henris Lebensgeschichte ermahnt mich, in meine eigene Vergangenheit zu schauen, denn nur so kann ich feststellen, ob ich mich mehr an schmerzliche als an angenehme Erinnerungen klammere, um mich dann für eine Gegenwart voller Liebe zu entscheiden.

Henri zeigt uns, daß Lernen ein immerwährender Prozeß ist. Er weißt jetzt, daß sein Weg der richtige ist, und er hat gelernt, daß selbst ein Angriff ein Hilferuf sein kann. Er weiß, daß Geben und Nehmen dasselbe ist. Er braucht keinen Panzer mehr, um sein Herz zu schützen, und er braucht sein Herz auch nicht mehr aus Furcht zu verschließen, und, und das ist am wichtigsten, er braucht sich nicht mehr vor der Liebe zu fürchten.

Die Botschaft an uns alle, die wir immer noch mit gebrochenem Herzen herumlaufen, lautet, daß unser Herz niemals leer ist. Je bedingungsloser die Liebe ist, die wir anderen geben, um so schneller heilt unser Herz.

Die letzte Lektion aus Henris Leben besagt, daß nichts unmöglich ist.

Niemand arbeitet härter als Henri, um Kindern mit lebensbedrohlichen Krankheiten zu helfen. Durch seine Bemühungen konnten Hunderte von Kindern ihre Krankheiten vorübergehend vergessen, um Glück und Frohsinn zu erfahren. Henri gibt sein Letztes, um sein Herz zu öffnen und einem spirituellen Weg zu folgen. Vielleicht hat man ihn in der Vergangenheit als »Workaholic« gekannt, ich bin jedoch der Meinung, daß er sich immer mehr zu einem »Heartaholic« entwickelt. Was mich so sehr an Henri beeindruckt, ist, daß er seine Arbeit geheimhält. Viele Menschen, denen er geholfen hat, kennen nicht einmal den Namen ihres rettenden Engels.

Aufgrund der Erfahrungen, die Henri in Auschwitz machte, ist leicht zu verstehen, warum er manchmal glaubte, hartherzig sein zu müssen. Heute ist Henri ein Mann, der seine Verletzlichkeit zuläßt und sein sanftes Herz scheinen läßt. Das Licht, das er seiner Umwelt schenkt, kann wahrhaftig Berge versetzen.

Kapitel 3

Wally »Famous« Amos

*Nur deine eigenen Gedanken
können deinen Erfolg hemmen.*

Wally Amos ist ein wundervoller Lehrer. Er gibt seinen Mitmenschen die Hoffnung, daß nichts unmöglich ist und daß jeder von uns etwas Ungewöhnliches vollbringen kann. Und er zeigt uns, daß alles möglich ist, wenn man an sich selbst glaubt und anderen hilft.

In seiner Kindheit und Jugend hatte Wally vieles durchzustehen, aber es gelang ihm, die Erlebnisse dieser frühen Jahre in positive Erfahrungen zu verwandeln. Dadurch wurde er sehr erfolgreich und zu einer großen Inspiration für uns alle. Er gründete eine eigene Firma namens *Famous Amos Chocolate Chip Cookies,* deren Inhaber und Geschäftsführer er nun ist. Die Kekse gibt es inzwischen auf der ganzen Welt zu kaufen. Da Wally aus armen Verhältnissen stammt, wirkt er auf die vielen Menschen, die aus einem ähnlichen Milieu kommen, glaubwürdig, denn für sie ist er ein Vorbild.

Bereits in einem frühen Stadium unserer Freundschaft interessierte sich Wally für die Arbeit in unserem *Center for Attitudinal Healing.* Einen Großteil seiner Zeit opfert er dafür, am Telefon mit todkranken Kindern zu sprechen. Jedesmal, wenn ich ihn bat, ein Kind anzurufen oder eine Familie zu besuchen, eilte er sofort zu Hilfe. Natürlich schickt er jedesmal seine »Visitenkarte« – seine berühmten Kekse. Und er beläßt es nicht nur bei einem Anruf oder Besuch, sondern hält die Freundschaften mit den Kindern und ihren Familien oft über viele Jahre aufrecht.

So stellte ich zum Beispiel vor acht Jahren den Kontakt zwischen Wally und einem zwölfjährigen Jungen namens Kerry her, der an Sichelzellenanämie litt und bereits mehrere Male dem Tode nahegewesen war. Wally rief ihn nicht nur an, sondern er besucht ihn immer noch jedesmal, wenn er nach Atlanta kommt. Der Junge ist mittlerweile neunzehn, studiert Medizin und will einmal Kinderarzt werden, um anderen helfen zu können. Noch immer schenkt Wally Kerry Liebe, Unterstützung und den Glauben an sich selbst.

Wally freundete sich auch mit dem jungen Derek Schmidt an, der an Leukämie litt und daran starb. Derek besaß einen starken Glauben an Gott, und deshalb war es für ihn wunderbar, einen Freund wie Wally zu haben, der einen ähnlichen Glauben an Gott hatte, aber dabei natürlich, humorvoll, ja sogar albern sein konnte. Wally machte nicht nur Derek, sondern auch seinen Eltern sehr viel Freude.

Ich glaube, von allen Menschen, die ich kenne, verbringt Wally am meisten Zeit am Telefon. Er meldet sich immer mit »Aloha, hier spricht Wally!«, was sofort eine fröhliche Atmosphäre schafft. Obwohl Wally kein Geistlicher ist, hatte ich immer das Gefühl, daß er am Telefon ein geistliches Amt bekleidet, denn er ruft die Menschen immer dann an, wenn sie niedergeschlagen sind und einen aufmunternden Anruf benötigen.

Wenn es jemanden gibt, der andere glücklich macht, ein Lächeln auf ihre Gesichter zaubert, ihnen die Last des Tages erleichtert, eine helfende Hand ausstreckt und sich seinerseits der Hilfe Gottes anvertraut, dann ist es Wally. Er arbeitet so hart und beharrlich wie kein anderer daran, seinen Mitmenschen zu helfen.

In Wallys Büro hängt ein Spruch an der Wand, den ich

niemals vergessen werde: EIN FREIWILLIGER IST JEMAND, DER SEINE HAND IN DIE DUNKELHEIT AUSSTRECKT, UM EINER ANDEREN HAND ZUM LICHT ZU VERHELFEN, UND DABEI ENTDECKT, DASS ES SEINE EIGENE IST. Es erinnert mich daran, daß Geben gleich Nehmen ist. Indem wir anderen helfen, helfen wir uns selbst. Diese Wahrheiten lebt uns Wally tagtäglich vor.

Ich lernte Wally Amos 1979 kennen, als ich in der Unity Church in Diamond Head in Hawaii eine Vorlesung hielt. Ich hatte einige todkranke Kinder aus unserem *Attitudinal Healing Center* in Tiburon, Kalifornien, mitgebracht. Wally und seine Frau befanden sich unter dem Publikum. Nach der Vorlesung kamen sie zu mir und stellten sich vor. Sie wollten sich sowohl für die Vorlesung bedanken, als auch für unser jährliches Picknick kostenlos Chocolate-Chip-Kekse spenden. Nachdem wir einige Wochen später wieder nach Kalifornien zurückgekehrt waren, erhielten wir mehrere Kartons mit Keksen. Für mich war es, als hätte ich mit Gold gefüllte Kisten erhalten.

Ich aß Wallys Kekse schon seit Jahren, weshalb es ein besonderes Vergnügen für mich war, ihn und seine Frau Christine endlich kennenzulernen. Damals wußte ich noch nicht, wie eng unsere Freundschaft einmal werden würde. Seit diesem ersten Zusammentreffen ist kaum eine Woche vergangen, in der wir nicht miteinander telefoniert hätten.

Heute kennen Millionen von Menschen Wallys Namen und sein glückliches, lächelndes Gesicht. Viele haben seine Bücher gelesen oder ihn im Fernsehen gesehen. In diesem Kapitel möchte ich Ihnen etwas über den Mann erzählen, der hinter diesem Gesicht steckt.

Wally ist der Sprecher der *Literary Volunteers of America*, einer Organisation, die das Analphabetentum in Amerika bekämpft. Er hat bereits viele Gefängnisinsassen dazu gebracht, lesen und schreiben zu lernen.

Trotz der vielen Krisen in seinem Leben habe ich noch nie erlebt, daß er Selbstmitleid gezeigt hätte. Wenn er jemanden trifft, sind seine ersten Worte fast immer: »Wie kann ich Ihnen helfen?«

Es gab Zeiten, in denen ich das Gefühl hatte, als würde ich im Treibsand versinken, und jedesmal rief Wally genau im richtigen Moment an, um mich mit seiner Liebe aufzurichten.

Wally wurden bereits viele Preise verliehen, so auch der Horatio-Alger-Preis und der President's Award für unternehmerische Leistungen. Außerdem ist er Ehrendoktor der Pädagogik der Johnson und Wales University.

Wally ist jetzt dreiundfünfzig Jahre alt. Meine erste Frage an ihn lautete: »Würden Sie mir bitte von dem Haus erzählen, in dem Sie aufwuchsen, und von Ihrer Jugend?«

»Wir lebten in Tallahassee, Florida, in einem kleinen Haus neben den Eisenbahnschienen. Zu der Zeit hatte die Rassentrennung gerade ihren Höhepunkt erreicht. Obwohl ich in dieser Umgebung aufwuchs, hatte ich aber Weißen gegenüber nie irgendwelche Haßgefühle«, antwortete Wally.

»Meine Mama war Haushälterin und mein Dad ungelernter Arbeiter. Dad war nicht sehr oft zu Hause, und meine Mama konnte ziemlich grob sein. Sie erzog mich sehr streng. Sie schlug mich mit allem, was sie zu fassen bekam – egal, ob es ein Stock oder ein Verlängerungskabel war. Als ich zwölf war, ließen sich meine Eltern scheiden. Meine Mama zog nach Orlando, Florida, um mit ihrer Schwester und ihrer Mutter zusammenzuleben, und ich nach New York City, um bei ihrer anderen Schwester, Tante Della, zu wohnen. Ein Jahr später zog auch meine Mutter nach New York. Ich lebte wieder mit ihr und meiner Großmutter Julia zusammen. In New York trug ich Zeitungen aus, arbeitete auf einem Eiswagen, in einer Milchhandlung und in einem Supermarkt.«

»Wally«, fragte ich, »was war das schlimmste Erlebnis mit Ihrer Mutter?«

»Nun, ich muß zugeben, daß ich große Angst vor ihr hatte. Einmal gab sie mir Geld, um die Telefonrechnung zu zahlen, aber ich verlor das Geld beim Poolspielen. Ich wußte, daß ich in dieser Nacht nicht nach Hause gehen durfte, sonst hätte sie mich womöglich umgebracht. Also fuhr ich die ganze Nacht mit der U-Bahn herum. Am nächsten Tag in der Schule wurde ich dann sofort ins Sekretariat gerufen. Ich ging weinend nach Hause, entschuldigte mich und entkam auf diese Weise einer Tracht Prügel.

Ich war zwar kein schlechtes Kind, aber meine Mutter erzog mich so streng, daß es schon Schläge setzte, wenn ich auch nur ein bißchen von ihrer Linie abwich. Während meiner Kindheit in Florida schlug sie mich manchmal so lange, bis ich Striemen auf Rücken und Hinterteil hatte. Aber wissen Sie, ich bin eigentlich über das meiste hinweg. Vor einigen Jahren sagte ich zu ihr, ›Ruby, wenn du mich heute aufziehen würdest, würde ich dich wegen Kindesmißhandlung anzeigen‹.«

Wallys Mutter ist mittlerweile achtzig Jahre alt, und Wally ist ihr gegenüber sehr aufmerksam. Er ruft sie jede Woche an und besucht sie, wann immer er in Los Angeles ist. Ich fragte ihn: »Glauben Sie, daß Sie Ihrer Mutter vergeben haben?«

»Als Kind stellte ich ihre Autorität niemals in Frage«, antwortete Wally. »Sie tat, was sie tun mußte, und ich akzeptierte das. Heute weiß ich, daß es unsere Beziehung lange Zeit beeinflußte. Es beeinflußte auch meine Beziehung zu anderen Menschen, besonders zu Frauen.

Da ich in keinem liebevollen Umfeld aufwuchs und mich auch nicht gut ausdrücken konnte, konnte ich auch niemanden lieben, denn ich selbst war ja nie geliebt worden. Ich mußte wirklich hart daran arbeiten, ihr zu vergeben. Ich mußte verstehen lernen, daß meine Mutter einfach nur das tat, was man ihr beigebracht hatte. Sie selbst war ja von ihrer eigenen Mutter ebenfalls geschlagen worden.«

»Wally, auf welche Weise hat sich denn Ihre Wut entladen?«

»Ich war nie zornig oder wütend« antwortete Wally. »Die anderen Kinder hackten auf mir herum, weil ich niemals zurückschlug. Ich war noch nie ein Kämpfer und zeigte auch nie eine wütende Reaktion.«

»Wie war Ihr Vater?« fragte ich ihn.

»Er war eher ein stiller Typ, obwohl sich meine Eltern ständig stritten. Sie schrien sich an und prügelten sich. Ich selbst wußte nie so recht, warum eigentlich. Sie waren wirklich wie Hund und Katze.

Mein Vater arbeitete in der Erdgasfabrik. Er schaufelte Kohlen und kümmerte sich um die Öfen. Er war sozusagen Mädchen für alles. Ich habe nie genau gewußt, wie es in seinem Inneren aussah. Wir setzten uns nie zusammen und redeten. Er starb erst vor ein paar Jahren. Davor war er noch nach New York gezogen, wo ich ihn gelegentlich besuchte. Aber wir hatten nie eine enge Beziehung miteinander.«

Wally war zweimal verheiratet gewesen. Es war schwer für ihn, für seine drei Söhne ein liebender Vater zu sein, denn er hatte ja kein Rollenvorbild. Von seinem Vater hatte er weder Zeit noch Liebe und Zuneigung bekommen. Seine Kindheit wurde eher von Wut und Angst als von Liebe geprägt.

Kein Wunder, daß Wally und Tausende von anderen Männern und Frauen mit ähnlicher Vergangenheit es so schwierig finden, Liebe zu empfinden. Nachdem sie als Kinder nie Liebe bekamen und auch nie das Gefühl hatten, zur Liebe fähig zu sein, empfinden sie sich selbst als wenig liebenswert. Wally sah in jeder Frau viele Jahre lange nichts als einen gefährlichen Feind. Das mußte im Grunde so kommen, denn er war sich über seine Gefühle zu seinen Eltern überhaupt nicht klar.

Meine nächste Frage lautete: »Welche religiöse Erziehung haben Sie genossen?«

»Mein Vater war Baptist und meine Mutter Methodistin.

Ich bekam etwas von beidem ab«, antwortete Wally. »Ich war sehr religiös. Sonntags ging ich immer in die Kirche, und Mittwoch abends besuchte ich die Gebetsversammlungen. Es ging immer um Hölle und Verdammnis. Ich besuchte den Gottesdienst und sollte plötzlich Gott und den Heiligen Geist fühlen. Aber lange Zeit fühlte ich überhaupt nichts. Ich war eines der letzten Kinder, die fromm wurden. Ich entschied mich dafür, weil alle anderen auch fromm waren. Ich rannte also herum und schrie aus vollem Leib, und das war das Zeichen, daß ich fromm geworden war. Wenn man fromm war, wurde man in einem See oder im Wald getauft. Aber später dann entfernte ich mich immer mehr von der Religion und der Kirche.

Erst viele Jahre später erfuhr ich Gott auf ganz andere Weise. Es war in der Unity Church auf Hawaii. So um 1978 herum besuchte ich die Kirche zum ersten Mal. In den dazwischenliegenden Jahren war ich ziemlich egozentrisch und selbstsüchtig. Ich versuchte, immer alles unter Kontrolle zu haben und die anderen zu manipulieren. Was ich damals nicht wußte, war, daß ich Angst hatte, geliebt zu werden, und Angst vor Gott.«

»Machten Sie jemals eine Art Wandlung durch, oder hatten Sie ein Erlebnis, durch das Sie Gottes Anwesenheit spürten?« fragte ich.

»1974 fuhr ich mit meinen drei Kindern zum Grand Canyon, den Rocky Mountains und nach Denver. Als ich am Rande des Grand Canyons saß, machte ich wirklich eine Wandlung durch. Noch nie hatte ich vor etwas einen so gewaltigen Respekt gehabt, und in meinem ganzen Leben hatte ich noch nie etwas so Großartiges gesehen. An diesem Ort erfuhr ich den Frieden Gottes in nie geahnter Stärke. Aber die spirituelle Suche und der regelmäßige Besuch des Gottesdienstes kam nicht wie ein Blitz über mich, im Gegenteil, es war ein sehr langwieriger Prozeß.

Kurz nachdem ich der Unity Church in Hawaii beigetreten war, lernte ich Christine kennen. Beide Ereignisse waren für mein Leben von ungeheuerer Bedeutung. Es waren regelrechte Wendepunkte.

Schließlich wurde ich Mitglied des Verwaltungsrats der Kirche, und die Freundschaften, die daraus entstanden, gehören zu den lohnendsten Erfahrungen, die ich jemals machte.«

Ich fragte Wally, was geschah, nachdem er sein Zuhause verlassen hatte.

»Ich ging von der High-School ab, um zur Luftwaffe zu gehen. Danach arbeitete ich bei Saks in der Fifth Avenue, später bei der Feuerwehr und danach für die William Morris Agency, die gerade einen schwarzen Auszubildenden suchte.

1958 heiratete ich Maria. Aus dieser Ehe stammen Michael und Gregory. Wir ließen uns 1962 scheiden. Wenn ich jetzt zurückblicke, merke ich, daß ich sehr egoistisch und eigennützig war. Alles mußte nach meinem Kopf gehen. Ich stellte ziemlich viel Unsinn an und war nicht gerade liebevoll. Erst Jahre später merkte ich, daß ich nur dazu erzogen worden war, gute Arbeit zu leisten, aber nicht, mich meiner Familie gegenüber verantwortungsvoll zu verhalten.

1967 heiratete ich Shirley. Wir trennten uns mehrere Male, bis wir uns schließlich ungefähr fünf Jahre später scheiden ließen. Aus dieser Ehe stammt mein Sohn Shawn.

Mit persönlichen Beziehungen hatte ich immer noch Probleme. Kaum hatte ich mit einer Frau geschlafen, wollte ich weg von ihr. Nie wollte ich einen Teil meiner selbst für eine Beziehung opfern. Erst als ich meine jetzige Frau Christine kennenlernte, spürte ich, daß da jemand war, der mich wirklich liebte. Wie viele Menschen können das schon von sich sagen? Und wie Sie wissen, haben wir jetzt Sarah, die schon fünfeinhalb Jahre alt ist.

Nachdem ich Christine getroffen hatte, wußte ich, daß ich

zum ersten Mal in meinem Leben jemanden getroffen hatte, der mich bedingungslos liebte, mich so akzeptierte, wie ich bin. Ich bin so glücklich, jemanden zu haben, der mir hilft, mir selbst zu vergeben, meine Vergangenheit zu heilen und der mir als Lebensgefährte zur Seite steht. Von Christine erfuhr ich, was bedingungslose Liebe ist und daß ich mein Bestes geben muß, um danach zu leben.

Gott hat mir auch die Chance gegeben, meiner Tochter Sarah ein guter Vater zu sein. Sie ist ein wahrer Segen und lehrt mich auf wunderbare Weise die Kraft der Liebe. Ich bin zu einem gelehrigen Schüler geworden, was ich vorher ganz bestimmt nicht von mir sagen konnte.

Meine Frau Christine machte mir Mut, etwas zu verändern. Sie half mir, mein Leben umzukrempeln, und war wie ein Spiegel für mich. Und ich glaube, genau darum geht es doch in einer Beziehung. Das Leben dreht sich nie wirklich um die andere Person. Manchmal sehen wir in anderen etwas und sagen ›Das mag ich nicht‹, aber in Wirklichkeit ist es das, was man an sich selbst nicht mag. Christine spiegelte Teile von mir, die ich nicht mochte. Weil sie in ihr zum Vorschein kamen, sprangen sie mir sofort ins Auge.

Ich fing also an, mich ganz genau zu beobachten. Wer war ich? Wie dachte ich über das Leben? Welche Gedanken hatte ich? Ich begann, ihre Liebe zu spüren, und akzeptierte sie. Ich weiß, daß sie mich bedingungslos liebt. Sie hat es mir auf vielerlei Arten bewiesen. Ich glaube, vor Christine war ich nicht wert, geliebt zu werden, weil ich es nicht zulassen wollte.«

Hier erinnert uns Wally daran, wie unser Ego funktioniert und wie leicht es ist, andere zu tadeln und keine Verantwortung für das eigene Denken und Handeln zu übernehmen. Wally ermahnt sich selbst immer und immer wieder, daß alles, was er wahrnimmt, in Wirklichkeit seine eigenen Gedanken sind.

Sobald wir die Verantwortung für unsere eigenen Erfahrungen und Gedanken übernehmen, sieht die Welt anders aus. Wenn wir dann in einen Konflikt geraten, können wir unsere eigenen Gedanken und Verhaltensmuster ändern, anstatt den fruchtlosen Weg einzuschlagen, andere ändern zu wollen.

Als nächstes fragte ich Wally, wie er in das Keksgeschäft eingestiegen war.

»Ich fing bereits 1970 an, nach dem Rezept meiner Tante Della Chocolate-Chip-Kekse für Freunde zu backen. Fünf Jahre lang verschenkte ich sie nur. Irgendwann bekam ich von allen zu hören, daß sie so gut seien und ich sie doch verkaufen sollte. Doch damals wollte ich unbedingt ein großer Manager im Showgeschäft werden. Eines Nachts passierte es dann: Eine Freundin, B. J. Gilmore, sagte, sie habe einen Freund, der mir das nötige Geld borgen könne. Dieser Freund ist zwar nie aufgetaucht, aber ich hatte selbst ein paar Freunde – Jeff Wall, Helen Reddy und Marvin Gaye – die mir das Geld vorstreckten. Ich selbst kümmerte mich dann um den Rest.«

»Hatten Sie jemals mit einem derartigen Erfolg gerechnet?«

»Ich wußte, daß es eine großartige Idee war«, sagte Wally, »und daß es ein Erfolg sein würde. Ich wollte lediglich ein einziges Geschäft am Sunset Boulevard eröffnen, um mein Auskommen zu haben. Zu diesem Zeitpunkt hatte ich den Wunsch, berühmt zu werden, bereits aufgegeben. Am 10. März 1975 eröffneten wir das allererste Geschäft, das ausschließlich Chocolate-Chip-Kekse verkaufte. Sie wurden fast über Nacht zu einem Renner.«

Wallys Keksgeschäft blühte! In Hotels fand ich ganze Säcke seiner Chocolate-Chip-Kekse mit einem Bild seines wunderbaren Gesichts. Selbst am anderen Ende der Welt, wie zum Beispiel in Tokio, starrte mich sein Gesicht von der

Vorderseite eines Ladenschaufensters in einer belebten Straße an. Man findet kaum jemanden, der die Kekse noch nicht probiert hat. Wally geht ganz in seinem Geschäft auf und kümmert sich sogar persönlich um die PR für sein Unternehmen. Immer wenn ich den Fernsehapparat einschalte, sehe ich ihn, wie er nicht nur Kekse, sondern auch Eier, United Airlines und Telefongesellschaften anpreist.

Mittlerweile ist Wally nicht mehr im Keksgeschäft, aber er hat noch viele Eisen im Feuer: Er schreibt Bücher, hält Vorlesungen und versucht, einen wunderbaren Pilotfilm an das Fernsehen zu verkaufen. Er ist immer noch viel unterwegs, aber sein schönes Heim liegt noch immer auf Hawaii, nur ein paar Straßen vom Strand entfernt.

Vor kurzem wurde Wally gebeten, etwas über sein persönliches Lebensziel niederzuschreiben. Ich fand das, was er schrieb, so überzeugend, daß ich es hiermit an Sie weitergeben möchte.

Mein Lebensziel ist es, ein Diener Gottes zu sein, indem ich seine Arbeit, den Menschen zu innerer Stärke und Größe zu verhelfen, unterstütze und ihnen zeige, daß sie nicht Opfer der Umstände sind. Ich möchte sie zu dem Gott in ihnen selbst führen, damit sie ihre wahre Stärke und ihr wahres Wesen erkennen, nämlich die Liebe. Dieser Aufgabe versuche ich dadurch gerecht zu werden, daß ich in Worten, Gedanken und Taten mit liebendem und positivem Beispiel vorangehe und versuche, auf Gottes Führung zu hören. Die Botschaft Gottes gebe ich in Büchern, Audio- und Videokassetten, Vorlesungen und Filmen weiter. Mit meinem Nächsten teile ich alles, was ihn Gott näherbringt. Ich vertraue auf Gottes Führung auch in finanziellen Dingen, weil ich Gott als die Quelle alles Guten, das mir in meinem Leben widerfahren ist, anerkenne. Danke, Vater, für jeden Dienst, den ich erweisen kann.

Als wir über sein Lebensziel sprachen, fuhr Wally fort: »Es gibt noch vieles, was ich tun möchte. Ich möchte zum Beispiel mehr schreiben. Es freut mich, daß mein neues Buch *The Power in You* soviel Anklang findet bei Menschen, die umdachten und so ihre Lebensqualität verbesserten.

»Worauf sind Sie am meisten stolz?« fragte ich.

Wallys Antwort lautete: »Ich bin stolz darauf, daß der Hut und das Hemd von der ersten Famous-Amos-Verpackung in der Smithsonian Institution sind. Und ich bin auf die Horatio-Alger-Auszeichnung stolz. Viele verstehen nicht, daß es sich dabei um eine Gruppe von Männern und Frauen handelt, die mit nichts anfingen, große Hindernisse überwanden und für sich selbst ein sinnvolles Leben schufen. 1987 habe ich diese Auszeichnung erhalten, und wir vergeben jedes Jahr Stipendien an Studenten, die sonst nicht aufs College gehen könnten.

Zehn Jahre lang war ich der nationale Sprecher der *Literary Volunteers of America*. Ich sprach zu Millionen von Menschen und spendete tonnenweise Kekse, um das Analphabetentum zu bekämpfen. Ich sprach viel über das Geben und weiß, daß Geben der Schlüssel ist. Ich bin im Verwaltungsrat einer Gruppe, die sich *Cities in Schools* nennt, was für mich eine sehr befriedigende Beschäftigung ist.«

»Ich weiß, daß Sie auch viel in Gefängnissen getan haben. Welchen Rat würden Sie einem Inhaftierten geben?« fragte ich.

»Ich treffe in den Gefängnissen alle möglichen Menschen«, antwortete Wally, »und denen sage ich, daß ich in ihnen Menschen sehe, die gegen andere Wut empfinden, diese anderen aber nichts von dieser aufgestauten Wut wissen. Sie führen also ein äußerst unbefriedigendes Leben. Menschen, die sich so sehr an ihren Groll klammern, erkranken bisweilen sogar, manchmal auch an Krebs. Und sie kennen keinen Frieden, weil sie jeden Morgen mit Haß und Wut auf einen Menschen aufwachen, der sich dessen gar nicht bewußt ist.

Es gibt einen großartigen Spruch, den ich hier zitieren möchte: ›Säure schadet dem eigenen Behältnis mehr als dem Objekt, auf das sie gegossen wird.‹ Für mich ist das ein äußerst lebendiges Bild, weil es die Wut ist, die einen von innen heraus auffrißt. Ich frage die Inhaftierten immer wieder, ob sie nicht lieber anders darüber denken wollen.

Dann erzähle ich ihnen, wie es bei mir funktioniert. Ich beschließe einfach, keine negativen Gedanken mehr zu haben. Ich lasse es nicht zu, meinetwegen oder wegen anderen deprimiert zu sein. Ich bin zu der Überzeugung gelangt, daß Gedanken Dinge sind. Um etwas zu schaffen, braucht es einen Gedanken. Ich benutze auch das Wort *versuchen* nicht mehr. Ich bete um Gottes Führung, und dann tue ich etwas oder tue es nicht. *Versuchen* bedeutet, daß man vielleicht etwas tun wird, vielleicht auch nicht. Ich möchte aber die Verpflichtung eingehen, etwas zu *tun* und nicht nur *versuchen, etwas zu tun*. Die wichtigsten Dinge sind Liebe und Vergebung. Und die gilt es zu verwirklichen und nicht, es einfach nur zu versuchen.

Ich möchte in meinem Leben nur gute Dinge haben. Deshalb arbeite ich daran, positive Gedanken zu haben, weil ich weiß, daß es meine Gedanken sind, die meine Welt um mich herum erschaffen. Den Inhaftierten erzähle ich bei meinen Besuchen, daß ich alles, was mir widerfährt, als positive Lehre Gottes erleben möchte, egal, wie schrecklich es auch sein mag. Bei mir hat das auch wirklich funktioniert.«

Hier erleben wir wieder Wallys starken Glauben an Gott. Und es vergeht kein Tag ohne die Verwirklichung der Lehre der Unity Church. Was ich so sehr an Wally schätze, ist die Unerschütterlichkeit seines Glaubens. Dies zeigt sich an seiner überschäumenden Lebensfreude. Wally erinnert uns daran, daß Glück aus dem Inneren kommt und nichts dieses Glück stören kann, wenn man einen starken Glauben in eine liebende, schöpferische Kraft besitzt.

»Wally, bestimmt werden auch einige Leser dieses Kapitel lesen, die nicht an Gott glauben. Vielleicht waren ihre religiösen Erfahrungen schlecht, oder sie meinen, Gott sei zornig und strafend. Was würden Sie einem solchen Menschen raten?« fragte ich.

»Ich versuche eigentlich nicht, andere Menschen oder ihren Glauben zu verändern. Ich halte mich eher für jemanden, der die Tür öffnet. Jeder muß selbst wissen, woran er glaubt. Wenn jedoch das Leben eines Menschen in eine Sackgasse gerät, oder wenn dieser Mensch mit einem Teil seines Lebens nicht zurechtkommt, keinen inneren Frieden besitzt und weder echte Freude noch wahres Glück kennt, dann sollte er seinen Glauben überprüfen.«

Ich wußte, daß Wallys Verhältnis zu seinen drei erwachsenen Söhnen nicht immer das beste gewesen war. Mittlerweile sind sie aber gute Freunde. Ich fragte ihn, wodurch diese Veränderung zustande gekommen war.

»Zunächst einmal«, antwortete Wally, »mußte ich lernen, mich für Fehler, die ich in der Vergangenheit gemacht hatte, nicht mehr schuldig zu fühlen. Ich mußte wirklich aufhören, in Schuldgefühlen etwas Sinnvolles zu sehen. Gleichzeitig mußte ich lernen, Gott alles zu geben. Dabei war mir klar, daß ich das nicht allein schaffen würde und Hilfe brauchte. Mein letztes Buch, *The Power in You,* habe ich zusammen mit meinem Sohn Gregory geschrieben. Die Zusammenarbeit förderte den Heilungsprozeß ganz stark.

Gott hat mir auch die Chance gegeben, meiner Tochter Sarah ein guter Vater zu sein. Sie ist ein wahrer Segen und lehrt mich auf wunderbare Weise die Kraft der Liebe. Ich bin zu einem gelehrigen Schüler geworden, was ich vorher nicht von mir sagen konnte.«

»Was soll auf Ihrem Grabstein stehen?« fragte ich Wally.

»Hier ruht ein glücklicher, liebender und gebender Mensch, der das Leben genoß«, antwortete er.

Ich kann nur bezeugen, daß Wallys Art zu leben völlig mit diesem Wunsch übereinstimmt.

Ich erklärte Wally, daß dieses Buch alle Leser daran erinnern soll, daß jeder von uns seinen Beitrag leisten kann, und fragte ihn, ob er dazu etwas sagen wollte.

»Jeder leistet seinen Beitrag, ob er es merkt oder nicht. Wir sind alle Vorbilder und sollten deshalb wissen, daß es wichtig ist, selbst bei den niedrigsten Arbeiten unser Bestes zu geben. Was sollen wir denn sonst weitergeben? Wie sollte wohl unser Vermächtnis aussehen? Ich glaube, diese Frage stellen sich mittlerweile viele Menschen. Wir müssen einfach lernen, hundert Prozent an uns selbst zu glauben.«

Nachwort – Wally Amos hat gelernt, unbeschwert auf dieser Erde zu wandeln. Ich konnte beobachten, wie er und Christine ihre Tochter Sarah lehrten, unseren Planeten zu lieben. Sie lehren sie, genau hinzuschauen, um all die Liebe in der Natur wahrzunehmen. Bei ihren fröhlichen Spaziergängen am Strand sammeln sie ständig Unrat und Abfälle auf, die andere hinterlassen haben, und drücken auch so ihren Respekt und ihre Fürsorge für unseren Planeten aus.

Wally ist die Verkörperung eines fröhlichen Menschen. Er scheint jeden Tag etwas Neues zu lernen, etwas, das er in seinem früheren Leben nicht kannte – nämlich, daß Glück und Freude natürliche Bestandteile unseres Lebens sein sollten.

Eines Abends sah ich amüsiert zu, wie Wally bei einer Benefizveranstaltung das Hawaiian Symphony Orchestra dirigierte. Dabei spielte er Kazoo und trug ein Smokingjacket, ein helles Hawaiihemd, eine schwarze Krawatte und eine Badehose. Ich dachte mir, daß Wally Amos wohl einer der wenigen Menschen auf der Welt ist, denen etwas derartiges gestattet wird.

Die Energie von Wallys Liebe überstrahlt alles. Wenn er

den Raum betritt, scheint die Sonne. In seiner Gegenwart fühlt sich jeder wohl. Anmaßung oder Posen sind ihm fremd. Wally ist einfach ein Kind Gottes, das weder Unschuld, Spieltrieb noch Unbeschwertheit vergessen hat. Über letzteres habe ich selbst noch vieles zu lernen, denn auch ich neige dazu, die Dinge ernst zu nehmen.

Eine Freundin, die Künstlerin und Schriftstellerin Joan Walsh Anglund, die mit Wally bei *Literacy International* gearbeitet hat, sagte folgendes über ihn: »Wally ist ein wahrhaft gläubiger Mensch, und aufgrund dieses Glaubens kann er unendlich viel Liebe geben.«

Vor kurzem hielt ein Freund von mir, der Schriftsteller Hugh Prather, bei einer Wohltätigkeitsveranstaltung für die Waldorfschule in Santa Cruz eine Rede. Im städtischen Vortragssaal stellte er Wally vor vollem Haus als »Hofnarren Gottes« vor. Welch treffende Bezeichnung für Wally, dessen Spieltrieb uns allen so viele wertvolle Lektionen erteilt.

Am 18. März 1990 präsentierten Präsident Bush und seine Frau in einer Sondersenung von ABC Television die *President's National Literacy Awards*. In dieser Nacht übergaben die Bushs Wally den National Literacy Award für die unzähligen Stunden, die er als Sprecher der *Literacy Volunteers of America* gearbeitet hat.

Noch heute sind Wally und Christine wunderbare Lehrer in Sachen Großzügigkeit und Lebensfreude. Ihre bedingungslose Liebe ist für uns alle da.

Kapitel 4

Lech Walesa

Der erleuchtete Verstand kennt seinen Ursprung,
sein Selbst, seine Heiligkeit.

In Polen, in einem Land, das seit dem Zweiten Weltkrieg viel durchgemacht hat, scheinen Lech Walesas Name und sein Engagement, mit dem er die Not seines Volkes zu lindern versucht, wie ein heller Stern am Himmel. Und seine Entschlossenheit verspricht, daß sich daran in nächster Zukunft auch nichts ändern wird.

Zwei Generationen lang lebte das polnische Volk unter Kriegsrecht. Es erduldete politische Unterdrückung, wirtschaftlichen Niedergang und die ständige Angst, für ein offenes Wort bestraft zu werden. Walesas unerschütterliche Beharrlichkeit und sein fester Glaube an die Würde seines Volkes gab allen Hoffnung und Stärke und half der gesamten Nation, einen besseren Weg einzuschlagen.

Ich wollte Walesa interviewen, weil er von allen politischen Führungspersönlichkeiten am besten verdeutlicht, daß ein ganz gewöhnlicher Mensch Ungewöhnliches leisten kann. Sein Leben zeigt auf beeindruckende Weise, daß nichts unmöglich ist, wenn wir Vertrauen besitzen und an etwas Großartiges glauben, wie zum Beispiel an die Ideale echter Nächstenliebe.

Ich suchte seine Nähe nicht nur, weil ich ihn bewunderte, sondern weil ich ihn selbst persönlich kennenlernen und erfahren wollte, wie er trotz mancher Rückschläge das Feuer der Leidenschaft in seinem Herzen am Leben erhält. Im Januar 1989 las ich von einer Rede, die er anläßlich einer Auszeichnung in Frankreich gehalten hatte. Darin ermutigte er die Menschen, einen stärkeren Glauben an sich selbst zu haben und höhere Ideale anzustreben. Diese Rede war für mich entscheidend. Als ich tags darauf meditierte, hörte ich eine Stimme, die mir sagte, daß ich mich mit Walesa treffen mußte und daß der Himmel dieses Treffen auch irgendwie arrangieren würde.

Diese Botschaft war zwar deutlich, aber die Stimme meines Egos nicht minder. »Es ist unmöglich, sich mit Walesa zu treffen. Er ist zu beschäftigt. Außerdem kennst du niemanden aus seinem Bekanntenkreis. Schon der Versuch wäre Zeitvergeudung«, flüsterte sie.

Irgendwie gelang es mir an jenem Tage, nicht auf die Stimme meines Egos zu hören. Ich beschloß, an das Büro von Time Magazine in Österreich ein Telegramm zu schicken bezüglich eines Termins mit Walesa.

Zu meiner Überraschung erhielt ich einen Anruf, bei dem mir der Name einer Person in Warschau mitgeteilt wurde, die mir eventuell behilflich sein würde. Ich rief diese Person an, und wir sprachen ungefähr eine Stunde miteinander. Der Mann versprach, mir zu helfen, und drei Tage später teilte er mir mit, daß ich in der Woche darauf zwei Stunden lang mit Walesa sprechen könne. Ich konnte mein Glück kaum fassen.

Mit Büchern über Walesa ausgerüstet, flog ich eine Woche später nach Polen. Meiner Lektüre entnahm ich, daß er aus einem kleinen Dorf vom Lande stammte, wo mit Sicherheit niemand geglaubt hatte, daß er eines Tages einer der wichtigsten Führer des Landes werden würde. Ebenso las ich, daß Lech Walesas Name mittlerweile zu einem festen Begriff nicht nur in Polen, sondern wahrscheinlich in der ganzen Welt geworden war. Bekannt wurde er durch seinen Vorsitz in der Solidaritätsbewegung, einer gewerkschaftlichen Organisation, die für die Rechte der Arbeiter eintritt und der Armut ein Ende bereiten will.

Als junger Mann hatte Walesa keinerlei politischen Ehrgeiz gehabt. Nach Abschluß der Volksschule machte er eine Lehre als Elektriker und bekam Arbeit in den Danziger Schiffswerften. Er erkannte bald, daß die Arbeitsbedingungen schrecklich, die Bezahlung schlecht und die Sicherheitsvorkehrungen ungenügend waren und unter den Arbeitern Niedergeschlagenheit und Hilflosigkeit herrschten. So entstand die Gewerkschaft Solidarität, die von der Regierung eine bessere Bezahlung und sicherere Arbeitsbedingungen forderte.

Viele Anhänger der Solidarität wurden ermordet. Trotzdem entstand eine erstaunlich große Bewegung, die sich aus fähigen Köpfen zusammensetzte. Sie glaubten an Freiheit, Respekt und Würde für alle und ließen sich nicht von der Angst beherrschen. Unter Walesas Führung erkannten sie nach und nach, daß die Ideale, für die sie eintraten, auch mit friedlichen Mitteln zu erreichen waren.

Während des langen Kampfes der Solidarität waren nicht immer alle einer Meinung mit Walesa. Aber die meisten spürten, daß er einen neuen Weg anbot, bei dem sie ihr eigenes Schicksal mitbestimmen konnten. In einer Zeit, in der viele ihre Achtung vor der Regierung und die Hoffnung auf eine bessere Zukunft sowie auf sich selbst verloren hatten, war klar, daß Walesa glaubte, daß nichts unmöglich sei und daß man durch den Glauben an sich selbst auch etwas verändern könne.

Jahrelang wurde die Solidarität von der Regierung verboten und Walesa als Rebell bezeichnet. Aber trotz zahlreicher Morddrohungen ließ er sich nicht einschüchtern und stand zu seinen Idealen. Tag und Nacht arbeitete er für bessere Arbeitsbedingungen, bessere Löhne in den Schiffswerften und bessere wirtschaftliche Verhältnisse für die gesamte Bevölkerung.

Walesa wurde mehrmals verhaftet und ins Gefängnis gesteckt. Obwohl er dort schwere Zeiten durchmachte, wuchs sein Einfluß im Land. Er setzte sich bedingungslos für Redefreiheit und Mitbestimmung ein. Obwohl sich die Regierung weigerte, mit ihm an einem Tisch zu sitzen, wuchs auch die Solidaritätsbewegung. Dann, im Jahre 1983, erfuhr die ganze Welt von ihm und dem Kampf seines Landes: Er erhielt den Friedensnobelpreis.

Wendepunkte – Noch während meines Fluges nach Polen zeichneten sich dort dramatische Veränderungen ab. Die Regierung machte das überraschende Angebot, die Solidarität zu erlauben, falls Walesa garantierte, daß die Arbeiter zwei Jahre lang nicht streiken. Dies war ein bedeutender Augenblick in der Geschichte Polens. In einem Land, in dem die Not so groß war und in dem so lange Hiflosigkeit geherrscht hatte, war das überraschende Angebot der Regierung der hellste Hoffnungsstrahl, den das Volk seit vielen Jahrzehnten gesehen hatte.

Bei meiner Ankunft in Warschau wurde ich von meinem neuen Freund, der das Treffen mit Walesa arrangiert hatte, am Flughafen abgeholt. Im Auto sprachen wir als erstes über die gute Nachricht vom Kurswechsel der Regierung. Man munkelte, daß Walesa bereits gedrängt wurde, der neue Premierminister des Landes zu werden. Dann kam die schlechte Nachricht: Walesas Sekretariat ließ mir ausrichten, daß das Interview abgesagt worden war. Aufgrund der neuesten Entwicklungen war Walesa zu beschäftigt, um sich mit mir zu treffen.

Trotz aller Freude über die Nachricht, daß die Regierung die Solidarität anerkennen wollte, war meine Enttäuschung groß. Um die Wahrheit zu sagen, ich fühlte mich äußerst niedergeschlagen. Auf dem Weg zu meinem Hotel fragte ich mich, warum ich diese Reise um die halbe Welt überhaupt gemacht hatte. War es einfach nur verlorene Zeit?

Ich erwog, umzukehren und das nächste Flugzeug nach Hause zu nehmen, aber dann entschied ich mich dagegen. Ich ging in mein Hotel und beschloß, um Gottes Führung zu beten. Als ich am nächsten Morgen nach einer ruhelosen Nacht aufwachte, fand ich langsam Frieden und fing an, mir darüber klar zu werden, was ich zu tun hatte.

Ich hatte in einem Buch über Walesa gelesen, daß einer seiner engsten Freunde Pater Jankowsky war. Er war Pfarrer in Danzig, und Walesa gehörte zu seiner Gemeinde. Pater Jankowsky war seit Jahren aktives Mitglied in der Solidarität und hatte deshalb, ebenso wie Walesa, schon öfter Morddrohungen erhalten. In vielfacher Hinsicht waren Pater Jankowsky und Walesa wie Brüder und verbrachten viel Zeit miteinander.

Meine Eingebung war, daß ich mich irgendwie mit Pater Jankowsky treffen müßte und dieser mir dann zu dem Interview mit Walesa verhelfen würde. Ich versuchte mehrmals, ihn anzurufen, aber die Leitungen nach Danzig waren ständig belegt. Schließlich beschloß ich, ein Taxi zu nehmen und in das vier Stunden entfernte Danzig zu fahren. Der Freund eines Freundes, der in Warschau lebte, erklärte sich bereit, mitzukommen und als Dolmetscher zu fungieren.

Als wir Warschau verließen, war der Himmel grau und bedeckt. Auf der Straße sah ich nur düstere und traurige Gesichter. Die meisten Schaufenster waren leer oder hatten nur ganz wenig ausgestellt. Erst als wir die Stadt hinter uns ließen, wurde die Landschaft schöner und freundlicher. Zuerst dachte ich, in eine andere Zeit zurückversetzt worden zu sein. Die landwirtschaftlichen Maschinen waren veraltet und gehörten in ein anderes Jahrhundert. Ich sah viele kleine Karren, die von Pferden oder Mauleseln gezogen wurden.

In einem kleinen Gasthaus aßen wir zu Mittag. Dort bekam ich einen weiteren Eindruck von den Schwierigkeiten, die ein Land mit schlechter wirtschaftlicher Lage zu bewältigen hat. Dinge, die für uns in Amerika selbstverständlich sind, sind in Polen oft unmöglich. In jenem Gasthaus entdeckte ich zum Beispiel, daß ein Mangel an Toilettenpapier herrschte. Eine halbe Rolle lag neben der Kasse, wo das Papier für jeden Kunden, der die Toilette benutzen wollte, eigens abgerissen wurde.

Während meines einwöchigen Aufenthalts in Polen wurde ich das Gefühl der Bedrückung und Hilflosigkeit nicht los. Obwohl alle sehr freundlich zu mir waren, sah ich kaum fröhliche Gesichter. Die Menschen hatten sich so sehr an ihre Situation gewöhnt, daß es ihnen schwerfiel, an eine bessere Zukunft zu glauben.

Schließlich erreichten wir Danzig. Es war viel größer, als ich es mir vorgestellt hatte, und sehr hektisch. Am Stadtrand fanden wir Kirche und Pfarrhaus von Pater Jankowsky. Die Kirche erinnerte mich an amerikanische Kirchen. Im Innern der Kirche herrschte geschäftiges Treiben. Gleich neben der Kirche war das Pfarrhaus, in dem Pater Jankowsky lebte. Von meinem Dolmetscher erfuhr ich, daß Pater Jankowsky nicht da sei, aber in fünfzehn Minuten zurück sein würde.

Es warteten bereits mehrere Menschen vor mir auf ihn. Nach etwa fünfundvierzig Minuten kam er in den Warteraum, begrüßte mich und führte mich in sein Arbeitszimmer. Er war ein hünenhafter Mann mit einem fröhlichen Gesicht.

Ich erfuhr schnell, daß er kein einziges Wort Englisch sprach, weshalb viel Arbeit auf meinen Dolmetscher wartete. Ich erzählte Pater Jankowsky von dem Buch, das ich schrieb, und erklärte ihm, daß seine Kernaussage darin bestünde, daß jeder von uns etwas bewirken und verändern kann. Dann ließ ich ihn wissen, wie enttäuscht ich war, daß ich Lech Walesa nicht wie geplant interviewen konnte. Ich erklärte ihm, daß ich etwas über Walesas Glauben erfahren wollte und daß ich kein Reporter sei, der ihm politische Fragen stellen würde.

Dann bat ich Pater Jankowsky, mir ein wenig über sich und seine Beziehung zu Walesa zu erzählen. Ich wollte seine Meinung hören über den Menschen Walesa, den er ja bereits seit vielen Jahren kannte. Pater Jankowsky teilte mir mit, daß der Geist Gottes schon immer in Walesa gewesen sei und daß sein Glaube viel zu seiner Fähigkeit beitrug, sich bei wichtigen Entscheidungen auf seine Intuition zu verlassen. Walesa spürte einen Auftrag Gottes, dem polnischen Volk zu Würde und Mitbestimmung über das eigene Leben zu verhelfen und jedermanns Lebensqualität zu verbessern.

Von Pater Jankowsky erfuhr ich weiter, daß Walesa acht Kinder im Alter zwischen drei und achtzehn Jahren hat. Er sei im Grunde seines Herzens ein häuslicher Mensch, und es schmerze ihn, wegen seiner Arbeit so oft von seiner Familie getrennt zu sein. Ich fragte Pater Jankowsky, welche Eigenschaft Walesas ihn am meisten beeindrucke. Darauf antwortete er: »Seine Standhaftigkeit und seine Hingabe an Gott. Er besitzt eine gläubige Gesinnung und die starke Intuition, auf Gottes Führung zu vertrauen und die richtigen Entscheidungen zu treffen. Er glaubt bedingungslos an seine Ideale und läßt keinerlei Zweifel zu.«

An dieser Stelle unterbrach Pater Jankowsky das Interview, um zu telefonieren. Ich wußte nicht, daß er Walesas Büro anrief und Walesa bitten ließ, sich mit mir zu treffen. Wenige Minuten später gesellte sich ein etwa fünfunddreißigjähriger Mann zu uns, der mir jedoch nicht sofort vorgestellt wurde. Es stellte sich heraus, daß er Walesas Sekretär war und mich überprüfen wollte.

Pater Jankowsky stellte mir einige Fragen über meine Arbeit. Er schien sich ganz besonders für unser *Center for Attitudinal Healing* zu interessieren, an dem wir mit todkranken Kindern arbeiten. Anderthalb Stunden später begaben sich beide Männer in eine Ecke des Zimmers und unterhielten sich auf polnisch.

Wenige Minuten später kamen sie lächelnd zurück und teilten mir mit, daß ich am selben Abend um sechs Uhr mein Interview mit Walesa in Pater Jankowskys Arbeitszimmer machen könne. Zu meiner großen Freude und Überraschung erklärte Walesas Sekretär weiter, daß ich tags darauf Walesas Frau und Kinder besuchen dürfe. Ich war begeistert, denn ich wußte, daß Frau Walesa nur ganz selten Interviews gab.

Man gab mir auch die Adresse von Walesas älterer Schwester, die in einer anderen Stadt lebte. Sie besaß zwar kein Telefon, aber man erklärte mir, daß sie sich bestimmt über meinen Besuch freuen würde. Soviel Glück konnte ich kaum fassen. Nachdem ich mich mit meinem Dolmetscher verabschiedet hatte, machten wir eine Stadtrundfahrt, besichtigten die riesigen Schiffswerften und einige Denkmäler und tranken anschließend zusammen Tee.

Obwohl ich Walesas Schwester Isabella erst am nächsten Tag traf, möchte ich einige ihrer Bemerkungen bereits an dieser Stelle anführen, da sie Informationen enthalten, über die die Medien selten sprechen. Zunächst einmal möchte ich betonen, daß Isabella eine fröhliche, offene, freundliche und kooperative Frau mittleren Alters ist. Sie erzählte mir, daß ihr Bruder Lech ein ganz normaler, durchschnittlicher Schüler war, der sich stets mit seinen Hausaufgaben herumplagte. Bis auf sein handwerkliches Talent ist er nie besonders aufgefallen, und er hatte auch nie davon geträumt, einmal etwas Ungewöhnliches zu tun oder gar berühmt zu werden.

Isabelle erzählte weiter, daß Lech stets anderen Menschen geholfen hat. Er schien schon immer fürsorglich gewesen zu sein. Als er anfing, in den Werften zu arbeiten, war er Kettenraucher und galt als zorniger junger Mann. Die Ungerechtigkeiten und schlechten Arbeitsbedingungen, die schlechte Bezahlung und der Mangel an Nahrungsmitteln hatten ihn zornig gemacht.

Als ich sie fragte, ob sie sich an irgendwelche heiteren Ereignisse aus seiner Vergangenheit erinnere, erzählte sie mir eine Geschichte aus der Zeit, als er ungefähr achtzehn war. »Es war eines der beiden Male, an denen er betrunken war«, sagte sie. »Mein anderer Bruder war an jenem Tag auch so betrunken, daß er nicht mehr nach Hause laufen konnte. Also packte Lech ihn auf den Rücken, aber er bekam nur den Mantel zu fassen. Als Lech es endlich bis zu unserer Haustür geschafft hatte, fragte ich ihn, wo denn unser Bruder sei. Und Lech antwortete: ›Wieso, hier auf meinem Rücken...‹« Isabella mußte ihm schließlich erklären, daß er nur den leeren Mantel festhielt. Lech schaute sich um und bemerkte zu seiner Überraschung, daß sein Bruder tatsächlich nicht mehr da war. Sofort machte er sich auf die Suche nach ihm und torkelte den Hügel hinab.

Aber zurück zu den Ereignissen vom 25. Januar. Wir kamen ungefähr Viertel vor sechs bei Pater Jankowsky an. Unser Taxifahrer war ganz aufgeregt, weil er Walesas weißen Lastwagen vor dem Pfarrhaus geparkt sah.

Sofort wurden wir in Pater Jankowskys Arbeitszimmer gebeten. Nur einen Augenblick später trat Lech Walesa ein. Das Zimmer schien sofort erfüllt von seiner Energie. Er trug einen blauen Anzug und lächelte freundlich. Seine Augen leuchteten. Als wir mit dem Interview begannen, merkte ich, daß er gar nicht verstand, worum es ging. Er hatte sich nur auf Pater Jankowskys Vorschlag hin einverstanden erklärt.

Seine äußere Erscheinung war etwas anders, als ich es erwartet hatte. Er hatte zugenommen, und sein Schmerbauch war dicker als auf den Fotos, die ich von ihm gesehen hatte. Das lange Haar war jetzt viel kürzer, und auch der buschige Schnurrbart war gestutzt worden.

Er sprach sehr schnell und abgehackt, und seine Augen sprühten vor Energie. Er war charmant, schlagfertig und ständig in Bewegung.

»In diesem Interview geht es nicht primär um Ihre Politik. Vielmehr interessiert mich Ihr Inneres und inwiefern es dazu beigetragen hat, daß Sie in Ihrem Land und der ganzen Welt etwas verändert haben. Würden Sie mir vielleicht etwas über Ihren Glauben mitteilen?« bat ich Walesa.

Walesa antwortete ganz ehrlich: »Ohne mein Vertrauen und meinen Glauben an Gott hätte ich keine Hoffnung gehabt. Sie waren die Quelle meines Mutes.«

Seine Worte bewegten mich zutiefst. Ich glaube, das ist auch der Grund, warum die Menschen, die zu uns nach Tiburon kommen, einen derartigen Frieden haben. Obwohl sie schwer geprüft werden, glauben sie an eine höhere Macht.

Durch ihre Bereitschaft, einander zu helfen, scheinen sie einen inneren Frieden zu finden, Gottes Frieden. Sie sind nicht mehr ausschließlich auf die Dinge fixiert, aus denen sie vielleicht einen Nutzen ziehen. Sie haben losgelassen und überlassen Gott die Führung. Und genau das ist es, was Walesa sagte – daß nichts unmöglich ist, solange man auf Gott vertraut.

»Beten ist für mich lebenswichtig«, fuhr Walesa fort. »Ich glaube, jeder von uns muß, wenn er wirklich ein erfülltes Leben haben will, an etwas glauben.« Nach einer kurzen Pause fügte er fast mit Tränen in den Augen hinzu: »Ich möchte auch sagen, daß die Liebe und die Unterstützung meiner Frau und die Pater Jankowskys lebensnotwendig für mich waren.«

Ich bat ihn, mir die Quelle seines Glaubens zu nennen. Hatte ihn jemand gelehrt, oder war er von selbst darauf gekommen?

»Die Dinge, die mir am Herzen liegen und für die ich eintrete, brachte mir meine Mutter bei«, erklärte er. »Es waren Werte wie Ehrlichkeit, Integrität, Fairneß, Gleichheit und Gerechtigkeit.«

Mir war klar, daß dies keine leeren Worte waren. Hier war ein Mensch, der zweifellos nach den Prinzipien lebte, an die er glaubte. Was mich ebenfalls tief beeindruckte, war sein Einsatz für die Gleichheit der Menschen. Obwohl er eine weltbekannte Persönlichkeit war und Tausende von Menschen dazu inspiriert hatte, für ein besseres Leben zu kämpfen, stellte er sich nicht über andere. Diesen Sachverhalt drückte er ganz einfach aus:

»Man kann anderen nur dann helfen, wenn man einer von ihnen ist und sie als gleichwertig behandelt. Für mich ist zum Beispiel sehr wichtig, daß ich in meinem Beruf weiterarbeite. Mein Tag beginnt um fünf Uhr morgens, und ich arbeite bis um zwei Uhr nachmittags als Elektriker in den Werften. Dann gehe ich ins Büro der Solidarität und arbeite oft bis spät in die Nacht.« Dann fügte er halb im Spaß hinzu: »Meine Sekretärin im Büro der Solidarität kommt um zehn zur Arbeit, arbeitet weniger und wird wesentlich besser bezahlt.«

Während wir uns unterhielten, bekam ich den Eindruck, daß Walesa keine Vorbilder oder Rollenmodelle hatte, sondern sein eigener Herr war und lediglich auf seine innere Stimme hörte. Er besaß einen starken Sinn für Gerechtigkeit, Fairneß und persönliche Integrität, und er glaubte von ganzem Herzen, daß es in seinem Land eines Tages Offenheit und Gleichheit geben würde.

Während des Interviews betonte Walesa immer wieder, daß wir nicht auf dieser Welt sind, um uns gegenseitig zu verurteilen, sondern um besser miteinander auszukommen. Bezüglich neuer Lösungen sagte er: »Wir haben keine andere Wahl, als nach friedlichen Lösungen zu suchen. Dabei geht es jedoch nicht um eine Art Verpflichtung. Ich bin überzeugt, daß wir nur über den Weg des Gebets und des Gesprächs, das auf dem Gebet basiert, Frieden finden können.«

Sein ganzes Leben lang gab ihm der Glaube an Gott Hoffnung und die Überzeugung, daß nichts unmöglich ist. Solange er Glaube und Hoffnung besaß, würde die Zukunft eine bessere Zukunft sein.

Walesa sprach viel über die Solidaritätsbewegung. Seine Erfahrung hatte ihn gelehrt, daß selbst die größten sozialen Probleme nur über den offenen Dialog gelöst werden konnten – und vor allem ohne Gewalt. Während der frühen Streiks in seinem Lande waren viele Arbeiter getötet worden, eine Tatsache, die ihn sehr bedrückte.

Ich dachte über seinen Kampf nach und bewunderte erneut die Stärke seines Glaubens. Er hatte hart und lange für die friedliche Lösung der Probleme seines Landes gekämpft und nie aufgegeben. Er hatte viele Enttäuschungen erlebt, und es waren Dinge geschehen, die so mancher für unverzeihlich gehalten hätte und die viele zornig und wütend gemacht hätten. »Wie gehen Sie mit Ihrer Wut um?« fragte ich Walesa.

Er antwortete langsamer als zuvor: »In den letzten Jahren habe ich gelernt, daß wir mit einem offenen Dialog und genügend Optimismus immer Alternativen finden können, anstatt uns gegenseitig anzugreifen und zu verdammen.« Nach einer kleinen Pause fügte er hinzu: »Viele Menschen sagen Negatives über mich und greifen mich manchmal wegen meiner Anschauungen an. Aber die Meinung anderer kümmert mich mittlerweile nicht mehr.«

Während unserer Unterhaltung betrat ein Mann das Zimmer, tippte Walesa auf die Schulter und flüsterte ihm etwas ins Ohr. Walesa bat mich, ihm zu folgen. Wir betraten ein ziemlich großes Badezimmer. Ohne ein Wort zu verlieren, zog Walesa Mantel, Krawatte, Hemd und Unterhemd aus und setzte sich vor einen Spiegel. Ich hatte keine Ahnung, was los war. Dann kam ein anderer Mann und legte Walesa ein weißes Tuch um.

Walesa blickte hoch und lachte. »Ich lasse mir die Haare

schneiden. Wetten, daß Sie noch nie ein Interview geführt haben, während Ihrem Gesprächspartner die Haare geschnitten wurden?«

»Nein«, gab ich zu. »Das ist das erste Mal. Morgen treffen Sie mit der Regierung zusammen. Gott muß einen wundervollen Sinn für Humor haben, wenn er uns am Vorabend eines so wichtigen historischen Augenblicks in diesem Badezimmer zusammenführt.«

Wir lachten beide, aber wenn Walesa lacht, dann mit dem ganzen Körper.

Dann kamen wir auf seine Familie, die ihm sehr wichtig ist, zu sprechen. Er liebt es, zu Hause bei seinen Kindern zu sein, mit ihnen zu spielen und abends mit ihnen zu beten. Es macht ihm Spaß, ihnen bei den Hausaufgaben zu helfen, und er bedauert zutiefst, daß er nicht mehr Zeit mit ihnen verbringen kann.

Er hatte sich nicht unbedingt gewünscht, ein Führer zu sein und täglich viele Stunden zu arbeiten. Er wäre lieber angeln gegangen oder hätte mit seiner Familie im Wald nach Pilzen gesucht.

»Offenbar hat Gott andere Pläne mit mir«, sagte er. »Was ich tue, macht mir nicht immer Spaß, aber ich befolge Gottes Ratschlag. Es ist schwierig für mich, eine prominente Person zu sein, ein ruhigeres Leben wäre mir viel lieber. Nie habe ich die Zeit, das zu tun, was ich gerne tun möchte. Ich werde ständig gehetzt und stehe permanent unter Druck.

Ich glaube, Gott hat mich dazu ausersehen, dem polnischen Volk zu Würde, Verantwortungsbewußtsein, Redefreiheit, freier Gedankenäußerung und der Fähigkeit, ohne Angst zu wählen, zu verhelfen. Ich halte das für die natürlichen Geschenke Gottes, und jeder von uns muß lernen, sie für sich zu beanspruchen.

Obwohl ich einen tiefen Glauben an Gott habe, halte ich gar nichts davon, anderen zu diktieren, was sie glauben sollen. Ich bin kein Heiliger. Ich bin auch nur ein Mensch und gebe zu, Fehler zu machen und zu sündigen. Wenn die Zeit für mich kommt, diese Welt zu verlassen, bin ich mir gar nicht mehr so sicher, ob ich nicht doch in der Hölle landen werde.«

»Welchen Satz hätten Sie denn gerne nach Ihrem Tod auf dem Grabstein stehen?« fragte ich.

»Diese Frage hat mir bisher noch niemand gestellt«, antwortete er ohne zu überlegen. Und nach einer Pause fügte er hinzu: »Ich bin ein einfacher Mensch und wüßte nicht, was man schreiben sollte. Auf keinen Fall möchte ich ein Denkmal oder Blumen. Ein Gebet, ein Kreuz und Menschen, die an mich denken, das würde mir vollkommen genügen.«

Danach sprachen wir über seine Ehe. Er sagte mir, daß seine Frau und er nicht immer einer Meinung seien. Manchmal stritten sie, aber meist nur kurz. Als er von den Offizieren verhaftet wurde, war seine Frau gerade hochschwanger gewesen.

Er war sehr stolz auf sie, als sie nach Schweden reiste, um den Friedensnobelpreis für ihn in Empfang zu nehmen. Er hatte gespürt, daß man ihn in Polen brauchte und es nicht ratsam gewesen wäre, das Land zu verlassen. Nach vielen Gebeten beschloß er, daß seine Frau den Preis für ihn in Empfang nehmen sollte. Er meinte, sie hätte dies wegen der Opfer und der harten Arbeit, die sie für die Solidarität geleistet hatte, auch verdient. Er war sehr stolz gewesen, weil jeder sie mochte und sie ihn und das polnische Volk auf wunderbare Weise repräsentiert hatte.

Als ich am nächsten Tag mit seiner Frau sprach, merkte ich, wie bescheiden sie ist. Ich lernte auch die drei jüngsten Töchter der Walesas, die draußen spielten, kennen. Die Kinder waren reizend, und ich machte viele Fotos von ihnen. Als ich später wieder in die Staaten zurückgekehrt war, ließ ich Kopien anfertigen und schickte sie den Walesas.

Eine der Fragen, die ich Frau Walesa an jenem Tag stellte,

betraf die Schwierigkeiten und das Elend, die ihre Familie in den letzten zwanzig Jahren durchgemacht hatte. Ihre Antwort überraschte mich. »Wir sind jetzt neunzehn Jahre verheiratet, und ich finde nicht, daß unser Leben besonders schwer war. Probleme gibt es immer, weshalb unser Leben ganz normal verläuft.« Sie gab allerdings zu, daß es schwer wurde, als ihr Mann inhaftiert war. Damals war sie sehr zornig gewesen, weil sie gerade hochschwanger war.

Ich fragte sie, ob es etwas gäbe, was sie gerne an ihrem Mann verändern würde. Sie wolle ihn nicht ändern, meinte sie, weil er dann nicht mehr Lech wäre. Aber nach kurzem Überlegen fügte sie hinzu: »Er ist zu dick. Ich hätte ihn gern etwas schlanker.«

Da ihr die Familie so am Herzen lag, fragte ich sie, welche Charakterzüge sie sich für ihre Kinder wünschte. Ihre Antwort drückte dieselben Überzeugungen und Gefühle aus, die ihr Mann bereits geäußert hatte. »Sie sollen standfest werden und lernen, nach eigener Überzeugung zu handeln. Jeder sollte von dem, was er tut, überzeugt sein.«

Sie sprach von der Zeit, als ihr Mann inhaftiert und sie seine einzige Verbindung zur Außenwelt war. Der Kontakt zu ihm war das Wichtigste für sie, und wenn man bedenkt, wie beschäftigt sie mit dem Rest der großen Familie war, dann war es bestimmt keine einfache Zeit für sie.

Als sie mir von ihrem Familienleben erzählte, bekam ich ein deutlicheres Bild von dem Glauben und der Fürsorge, die sie miteinander teilten. Beide, Mann und Frau, glaubten an eine höhere Macht und an die Verantwortung für die eigene Familie, ihr Land und ihr Volk.

Im letzten Teil meines Interviews erzählte ich Walesa, daß ich gehört hätte, das polnische Volk wolle ihn als Premierminister haben. »Was würden Sie tun, wenn Ihnen Gott eines Tages sagte, Sie sollten Ihren privaten Bereich verlassen und Premierminister werden?« fragte ich ihn.

Nachdenklich und ernst antwortete er: »Wenn das geschieht, würde ich denken, daß Gott sehr böse mit mir sein muß, weil Gott weiß, daß ich nicht Politiker werden will.« Er schwieg eine Weile, dann fügte er lächelnd hinzu: »Ich würde tatsächlich Gottes Willen befolgen, aber Gott hat ihn mir noch nicht mitgeteilt.«

Nachwort – Während ich dies schreibe, sind in Polen viele Dinge geschehen, die man vor einem Jahr noch nicht für möglich gehalten hätte. Die Solidarität wurde von der Regierung anerkannt, Walesa und seine Kollegen treffen sich regelmäßig mit Funktionären der Regierung, und es wurden freie Wahlen abgehalten, bei denen viele Mitglieder der Solidarität kandidierten und auch gewählt wurden. Lech Walesa wurde gebeten, für das Amt des Premierministers zu kandidieren, aber er lehnte ab mit der Begründung, er könne seinem Volk auf andere Weise dienlicher sein. Für ihn kandidiert jetzt ein anderer Führer der Solidarität. Der Beginn eines demokratischen Prozesses findet auf friedlichem Weg statt. Und Walesa ist erneut nach Italien gereist, um sich mit dem Papst zu treffen.

Walesas Popularität ist heute größer denn je. Polen erhält mittlerweile von vielen Ländern, darunter auch von den USA, finanzielle Hilfe. Aber es gibt immer noch viele wirtschaftliche Probleme. Und manchen geht Walesa zu langsam vor, sie würden einen Staatsstreich vorziehen.

Walesa und das polnische Volk stehen immer noch vor großen Aufgaben. Aber nach meinem Zusammentreffen mit ihm weiß ich eines ganz sicher: Er wird sämtliche Energien daransetzen, dem polnischen Volk zu Würde, Achtung und einem besseren Leben zu verhelfen. Hinter der Kraft dieses Mannes steht sein Glaube an sich selbst und die Überzeugung, daß nichts unmöglich ist. Und über dieser Stärke stehen wiederum sein Glaube und sein Gottvertrauen.

Nachdem ich mir seine Geschichte angehört hatte, merkte ich, daß es in seinem Leben viele Situationen gegeben hatte, in denen er nicht wußte, wohin er sich wenden sollte, aber er schöpfte Kraft und Mut aus dem Gebet. Er wußte, daß er nicht allein war. Und er wußte, daß Gottes Weg friedlich ist. An jenem Tag lernte ich von Walesa, wie wichtig es ist, ein klares Ziel vor Augen zu haben und auf Gottes Weisheit und Gebot zu vertrauen.

Walesa ist nicht »irgendein« Mensch, wie es bei vielen von uns der Fall sein kann. Er bemüht sich nicht nur »irgendwie«, um dann bei den ersten Schwierigkeiten enttäuscht zu kneifen. Was mir, und hoffentlich auch Ihnen, unter die Haut geht, ist sein Engagement für ein übergeordnetes Ideal.

Walesa scheint sich über die Wünsche seines Egos völlig im klaren zu sein. Ein Teil von ihm würde vielleicht auch noch heute lieber in den Werften arbeiten und die Freizeit mit Angeln und Pilzesuchen verbringen. Dieser Lebensweg wäre ungleich leichter gewesen, aber er wußte, daß Gott etwas anderes von ihm wollte. Irgendwie war ihm klar, daß er nur glücklich sein konnte, wenn er Gottes Willen nach besten Kräften mit seinem eigenen verband. Und ich respektiere seine Weigerung, anderen seine religiöse Überzeugung aufzuzwingen.

Für mich ist Lech Walesa ein wunderbares Beispiel dafür, daß ein gewöhnlicher Mensch Ungewöhnliches erreichen und wirklich etwas verändern kann. Er weiß in seinem Inneren, daß unser Denken von Frieden und Klarheit beherrscht wird, solange man Gott vertraut und das Gebet eine entscheidende Rolle im Leben einnimmt.

Eine seiner wichtigsten Aussagen schien mir seine Mahnung zu sein, daß wir nicht hier sind, um einander zu verurteilen, sondern um einander zu lieben und füreinander zu sorgen. Der Grundstein seines Denkens scheint mir, daran mitzuhelfen, daß Volk und Regierung seines Landes sich an einen gemeinsamen Tisch setzen und friedliche Lösungen für die Not finden, die sie erleben mußten und die vielleicht noch vor ihnen liegt.

Walesa zeigt uns allen, daß jeder von uns etwas verändern kann. Jeder von uns kann eine soziale Veränderung, Gerechtigkeit, Fairneß und Gleichheit unter den Menschen herbeiführen, wenn er sich voll und ganz einem Ideal widmet, dessen gemeinsamer Nenner Ehrlichkeit, Gewaltlosigkeit und Fürsorge heißt.

1990 – Wieviel ist doch seit meinem Interview mit Lech Walesa im Januar 1989 passiert! Er war in erster Linie dafür verantwortlich, daß in Polen ein völlig neuer, demokratischer Prozeß ins Rollen kam. Eine der vielen Veränderungen, die eingetreten sind, ist, daß das Land mittlerweile von einem Mitglied der Solidaritätspartei regiert wird.

Der Triumph des »Willens des gewöhnlichen Menschen« hat zu dramatischen Veränderungen im alltäglichen Leben und in der politischen Struktur ganz Osteuropas geführt. Und viele Menschen führen diese Veränderungen auf die Bemühungen Lech Walesas zurück.

In der Zwischenzeit besuchte Herr Walesa die Vereinigten Staaten und hielt vor dem Kongreß eine Rede. Wo immer er in diesem Land auftrat, wurde er als Held gefeiert.

Lech Walesa hat vielleicht mehr als jeder andere lebende Mensch bewiesen, wieviel Kraft zum Verändern der Welt ein gewöhnlicher Mensch haben kann, wenn er eine Partnerschaft mit Gott eingeht. Herr Walesa hat der Welt gezeigt, daß Wunder tatsächlich möglich sind, wenn man sich bedingungslos und beharrlich der Hilfe am Nächsten widmet. Er lehrt uns, daß sich die Ideale Fairneß, Vertrauen und Liebe am Ende doch durchsetzen, um diese Welt für uns alle zu einer besseren Welt zu machen.

Kapitel 5

Ruth Brinker

Geben und Nehmen ist dasselbe.

Wann immer mir jemand sagt, er möchte gerne etwas Nützliches tun und jemandem helfen, muß ich sofort an Ruth Brinker denken, die ihr Leben an die Nöte der Menschen um sich herum anpaßt. Sie erinnert mich immer wieder daran, daß der erste Schritt zum Helfen darin besteht, erst einmal sein eigenes Tempo zu drosseln, über seinen Horizont hinauszuschauen und aufmerksam zu beobachten, was um einen herum passiert.

Als ich mit Ruth Brinker sprach, bewegte mich ihr persönliches Engagement sehr. Ständig scheint ihr die Frage »Wie kann ich helfen?« präsent zu sein. Je mehr ich über sie erfuhr, desto überzeugter wurde ich, daß unsere Welt einen dramatischen Heilungsprozeß durchmachen würde, wenn sich jeder von uns die Frage stellen würde: »Wie kann ich helfen?« Sie lehrt uns, daß wir nur unser Herz zu öffnen brauchen, um die Not um uns herum zu sehen, um dann entschlossen und ohne Angst von irgendwelchen Hindernissen vorwärts zu schreiten.

Ruth ist Gründungsmitglied und Direktorin eines Projekts in San Francisco, das sich Open Hands nennt und Aidskranken beisteht, die zu krank sind, um ihr Zuhause zu verlassen. Eine der ersten Fragen, die ich Ruth stellte, war: »Was hat Sie veranlaßt, Open Hands zu gründen? Wie fing alles an?«

»Es begann 1984«, antwortete sie. »Ein junger Freund, ein Architekt, erkrankte an AIDS. Die Krankheit schritt erschreckend schnell voran. Er nahm rapide ab, und schon bald war er zu schwach, um für sich selbst zu sorgen. Deshalb tat ich mich mit einigen Freunden zusammen, um ihn abwechselnd zu besuchen und ihm die Mahlzeiten zu bringen. Manchmal passierte es jedoch, daß einer von uns vergaß, daß er an der Reihe war. Dann mußte unser im Sterben liegender Freund bis zur nächsten Schicht warten und hungern.

Damals wurde mir klar, daß es in der Stadt viele Leute geben mußte, die keine solchen Freunde hatten. Und die Zahl der AIDSpatienten stieg. Ich vermutete deshalb, daß viele AIDSkranke eher an Unterernährung starben als an der Krankheit selbst, einfach weil sie nicht mehr genügend Kraft besaßen, um einkaufen zu gehen und auch niemanden hatten, der ihnen etwas brachte. Deshalb gründete ich Open Hands.

Ich hatte bereits Essen auf Rädern aus der Trinity Church heraus organisiert, weshalb ich meine AIDSpatienten ebenfalls von da aus versorgte. Auf der einen Seite kümmerte ich mich um Essen auf Rädern, auf der anderen kochte und verpackte ich die Mahlzeiten für die AIDSkranken. Ich lieferte auch selbst. Am Anfang hatte ich nur sieben Leute, deren Namen ich von der AIDSstiftung erhalten hatte.

Ich hatte mir mehr Mitarbeiter erhofft, aber es waren halt nur sieben. Ich hatte das Gefühl, daß mich niemand ernst nahm. Man hielt mich für eine einfältige Hausfrau mit einer guten Idee, die sich jedoch nicht verwirklichen ließ.«

»Dann fingen Sie also ganz langsam an«, sagte ich. »Welche Art von Hilfe bekamen Sie denn damals?«

»Anfangs war ich ganz allein. Dann meldeten sich nach und nach einige freiwillige Helfer. Ende 1986 versorgten wir hundert Patienten. Jeder erhielt pro Tag zwei Mahlzeiten, eine warme und eine kalte für den Tag darauf. Unsere Freiwilligen lieferten sie direkt bei den Patienten ab.

Ich wollte von Anfang an nur sehr gutes Essen liefern. Keine Nahrungsmittel mit chemischen Zusätzen und nur frische Gemüse und gutes Vollkornbrot. Zuerst wollte ich ganz tolle Sachen kochen, bis ich herausfand, daß Kranke einfache Gerichte wollen – Hausmannskost sozusagen. Also wechselte ich zu Schmorbraten, Hackbraten, Kartoffelbrei usw.«

»Open Hands ist dann also sehr schnell gewachsen«, sagte ich. »Und es wurde zu einem Modell für ähnliche Programme im ganzen Land. Wie kam es denn dazu?«

»1987 und 1988 bekamen wir viel Publicity. Ich erhielt zwei Auszeichnungen, einmal den KRON Television's For Those Who Care Award und dann den Dorothy Langson Humanitarian Award. Das führte dazu, daß wir Spenden aus der Öffentlichkeit bekamen und auch unsere Kundenliste wuchs. Anfang 1988 versorgten wir 350 Kranke mit 700 Mahlzeiten pro Tag, und jetzt, 1989, sind es über 500, also über 1000 Mahlzeiten, und wir verfügen über 400 Freiwillige, die das Essen mit dem eigenen Wagen ausfahren.«

»Das heißt wohl, daß Ihre alte Küche bald zu klein wurde und Sie jetzt eine neue haben«, bemerkte ich.

»Ganz recht. Unsere neue Küche steht am Fuß des Potrero Hill, und wir vergrößerten sie von 160 auf 1300 Quadratmeter. Es ist eine ganz moderne, perfekt ausgestattete Küche.«

»Das ging ja schnell!« sagte ich. »Wie haben Sie denn die nötigen Geldmittel zur Finanzierung der Mahlzeiten und der neuen Küche beschafft?«

Nach kurzem Nachdenken antwortete Ruth: »Ich glaube tatsächlich an Wunder, und ich weiß, daß ich das nicht allein tue, sondern daß Gott mir bei der Überwindung von Hindernissen hilft. Am Anfang erhielten wir zweitausend Dollar vom Zen-Zentrum und weitere zweitausend von der Golden Gate Business Association.

Ich merkte, daß ich so gut wie nichts über Zuschüsse von

Stiftungen wußte. KRON hatte ein vierminütiges Video über die Arbeit von Open Hands und die Auszeichnungen, die ich erhalten hatte, gemacht. Nach dem Abendessen gab mir der Produzent eine Kopie der Videos, mit der ich tags darauf zu Chevron marschierte. Obwohl ich keinen förmlichen Antrag auf Unterstützung stellte, geschah ein Wunder, denn acht Tage später erhielten wir einen Scheck in Höhe von 125 000 Dollar.«

»Wie groß ist Ihr jährliches Budget heute?« fragte ich.

»Unser Budget beläuft sich auf über drei Millionen Dollar. Das meiste davon geht in die direkte Arbeit wie Nahrungsmittel, Verpackung und Gehälter des Küchenpersonals. Was 1990 anbetrifft, wurden wir gebeten, unseren Service auf die Drogensüchtigen dieser Gegend auszudehnen. Das hieße wahrscheinlich zwölfhundert Personen und täglich zweitausendvierhundert Mahlzeiten.«

»Wie wollen Sie diese Drogenkonsumenten erreichen?« fragte ich, weil ich wußte, wie rapide sich dieses Problem heutzutage ausbreitet.

»Wir treten an Krankenhäuser wie die Haight-Ashbury-Klinik heran, die hauptsächlich Arzneimittelmißbrauch behandelt, und die Glide Memorial Church«, antwortete Ruth. »Pfarrer Cecil Williams und seine Kirche helfen Süchtigen, die harte Drogen nehmen. Wenn sie zu krank sind, um sich in der Kirche ihre Mahlzeiten abzuholen, springen wir ein und versorgen sie.«

»Ein solches Programm könnten wir in allen größeren Städten auf der ganzen Welt brauchen, weil die Probleme überall dieselben sind. Planen Sie, auch Personen in anderen Teilen der USA für diese Tätigkeit auszubilden?« fragte ich.

»Das tun wir bereits«, sagte Ruth. »Wir erhielten eine Spende von der Woods-Johnson-Stiftung, mit der wir ein Ausbildungshandbuch und unser eigenes Kochbuch veröffentlichten. Und in Chicago und Atlanta haben wir bereits

Zentren eröffnet. Außerdem unterstützen wir eine Gruppe in New York City, die sich God's Love, we Deliver nennt, und eine Gruppe in Dallas namens Meals on the Move, abgekürzt MOM, die ebenfalls AIDSpatienten versorgt.«

»Wie lange, glauben Sie, werden Sie das noch tun?« wollte ich wissen.

Ruths enthusiastische Antwort kam wie aus der Pistole geschossen: »Bis ich sterbe. Ich kann mir gar nicht vorstellen, mich zur Ruhe zu setzen. Meine Tätigkeit ist aufregend, sie stimuliert mich und gibt mir Kraft. Große Freude bereitet mir auch das neue Kochbuch, das von Simon and Schuster herausgegeben wird. Zweiundfünfzig berühmte Chefköche wurden gebeten, die Lieblingsgerichte beizusteuern, die sie nur ihren engsten und liebsten Freunden geben würden. Die Idee dazu kam von Chefkoch Robert Schneider. Die Tantiemen für das Buch gehen an Open Hands, und wir sind hocherfreut, daß ausgerechnet Sie, Jerry, das Vorwort geschrieben haben.

Eines möchte ich noch hinzufügen. Wir hoffen, mit der Belieferung von Kindertagesstätten etwas Geld hinzuzuverdienen. Wenn die Eltern am Abend ihre Kinder abholen, können sie auch gleich das Essen mitnehmen. Dadurch haben sie mehr Zeit für ihre Kinder, weil sie nach der Arbeit nicht mehr einkaufen, kochen und abspülen müssen.«

Als Ruth mir die Geschichte von Open Hands erzählte, fiel mir ihr großer Einfallsreichtum auf. Die Finanzierung erfolgt ohne staatliche Hilfe. Sie weiß, daß es eine schaffende, liebende Kraft im Universum gibt, die einem beisteht, wenn man bereit ist, sich für andere einzusetzen. Indem sie arbeitenden Eltern und AIDSkranken hilft, zeigt uns Ruth, daß Liebe alle Hindernisse überwindet, wenn man an seine eigene Vision glaubt.

Ich wollte wissen, was hinter einem Menschen steckt, der so vieles in seiner Umgebung positiv verändert hat. Ich fragte sie deshalb: »Was motiviert einen Menschen wie Sie?«

»Diese Tätigkeit ist mir ein ehrliches Bedürfnis«, antwortete sie. »Ich hatte die Vision, daß es Menschen in San Francisco gab, die zu schwach waren, um selbst für sich zu sorgen. Und ich hatte immer wieder dieselbe Vision von meinem Freund, der an AIDS starb. Ich mußte einfach etwas unternehmen.

Es war schon immer so, daß ich mich verpflichtet fühlte zu helfen, wenn ein notleidender Mensch meinen Weg kreuzte.«

Da es viele berühmte Menschen gibt, die über die Jahre hinweg ähnliche Visionen vom Leben hatten, wollte ich wissen, ob Ruth gewisse Vorbilder hat. »Hatten Sie jemals bestimmte Vorbilder, Menschen, die Sie als Lehrmeister betrachten?«

»Ich habe schon immer gerne Tolstoi gelesen«, antwortete Ruth. »Von ihm übernahm Gandhi das Prinzip der Gewaltlosigkeit. Meiner Meinung nach faßt Tolstoi alles zusammen, was Christus in der Bibel sagt, und macht daraus eine einfache Philosophie der Liebe.

Ein weiterer wichtiger Einfluß war für mich Aldous Huxleys Lehrer Swami Prabhavananda von der Vedanta Society in Südkalifornien. Ich wuchs im Mittelwesten auf, wo alles, was nicht der jüdisch-christlichen Lehre entspricht, als Irrglaube gilt. Daher wurde alles, was aus dem Fernen Osten kam, mit Heidentum und Aberglaube in Verbindung gebracht. Ich fand es seltsam und gleichzeitig interessant, daß ein brillanter Schriftsteller wie Aldous Huxley von einem Inder beeinflußt wurde.

Also beschloß ich, während einer meiner Reisen durch Südkalifornien Swami Prabhavananda persönlich aufzusuchen. Noch nie hatte mich in meinem Leben jemand so beeindruckt! Seine Sprache war einfach, und er zitierte aus der Bibel. Seine Auslegung bestimmter Stellen der Bibel ergaben viel mehr Sinn als diejenigen, die ich bis dahin gekannt hatte.«

»Ich weiß, daß es manchmal schwer ist, spirituelle Erfahrungen in Worte zu kleiden«, sagte ich, »aber könnten Sie uns noch mehr darüber sagen, wie sehr diese Erfahrung Ihr Leben veränderte?«

»Es klingt vielleicht merkwürdig«, antwortete Ruth, »aber ich hörte ihn nur zwei- oder dreimal sprechen. Einmal sagte er, jeder könne Gott in drei Minuten erfahren, jeder könne eine mystische Erfahrung machen. Und er sagte, wenn wir all unsere Gedanken aus unserem Kopf verbannen würden, würden wir *etwas* fühlen, und dieses *Etwas* wäre der Beginn einer Beziehung zu Gott. Also versuchte ich es.

Es war jedoch schwerer, als ich dachte. Aber wenn ich mich stark konzentrierte, schaffte ich es. Irgendwann nahm ich zu Hause den Telefonhörer ab, legte ihn unter ein Kissen und probierte es. Und siehe da, ich wurde von dieser wunderbaren Ruhe und liebenden Euphorie durchflutet. Damals war ich jung und sehr beschäftigt, und sobald ich den Hörer auflegte, läutete sofort das Telefon. Ich wandte mich nur an Gott, wenn ich große Probleme hatte.

Eines Tages lag ich auf dem Bett und weinte. Weil ich jedoch spürte, daß ich mich nur in Selbstmitleid erging, beschloß ich, mich mit Meditation zu beruhigen. Sofort wurde ich von einer wunderbaren Ruhe und Euphorie erfüllt. Von da an übte ich regelmäßig, und seitdem spüre ich diese Art von Depression nicht mehr.«

»Denken Sie jetzt, während unseres Gesprächs, an Gott?«

»Ja«, antwortete Ruth. »Ein Teil meiner selbst bleibt immer ruhig und euphorisch, während ich den Dingen, die ich zu tun habe, nachgehe. Ich habe diese Verbindung zu Gott ständig, wobei ich keiner besonderen Religion den Vorzug gebe. Der Pfarrer von Trinity Episcopal, wo Open Hands begann, sieht es gern, wenn ich mich ab und zu in der Gemeinde sehen lasse. Diesen Gefallen tue ich ihm gerne. Ich habe auch katholische Freunde und gehe mit ihnen in die Kirche. Aber ich gebe niemandem den Vorzug.«

»Wer hat Sie sonst noch beeinflußt?« fragte ich.

»Ich wurde sehr stark von Laotse beeinflußt, der ein kleines Buch mit dem Titel *Tao Te Ching* geschrieben hat. Er vertritt diese wunderbar einfache Philosophie, die vieles verkörpert, was ich selbst durch meine eigene Meditation erfahren habe.«

»Würden Sie mir etwas von Ihrem früheren Leben erzählen, zum Beispiel wo Sie geboren sind und wie Sie aufwuchsen?« bat ich sie anschließend.

»Geboren bin ich 1922 in South Dakota. Mein Vater war Farmer und hat sich immer für wissenschaftliche Dinge interessiert. Er liebte die Natur, Hunde und Pferde. Unglücklicherweise hatten wir bis zu seinem Tod nie eine gute Beziehung zueinander. Er hatte ein distanziertes Verhältnis zu meinem älteren Bruder und mir und war immer schnell beleidigt. Erst als er im Sterben lag, wurde unser Verhältnis besser.«

»Und Ihre Mutter?« fragte ich.

»Auch zu ihr hatte ich kein besonders gutes Verhältnis. Sie erzog mich in Angst vor meinem Vater und nahm mir schon als kleines Kind das Versprechen ab, niemals zu heiraten. Ich mußte erst langsam lernen, ihr alles zu vergeben, aber mittlerweile habe ich ihr völlig verziehen. Sie kam mir früher sehr oberflächlich und egoistisch vor. Aber mein Bruder und ich verstanden uns sehr gut.«

»Lebt Ihre Mutter noch?«

»Nein, sie starb vor ein paar Jahren«, antwortete Ruth.

»Und als Sie älter waren, wie ging es dann weiter?« fragte ich.

»Ich arbeitete als Mannequin in San Francisco und heiratete 1955 Jack Brinker, einen Designer. Wir haben zwei Töchter: Lisa ist zweiunddreißig und Sara einunddreißig. Jack starb 1970 an Krebs. Ehrlich gesagt, gab es in unserer Ehe viele Konflikte und Unstimmigkeiten. Ich hatte ein Antiquitätengeschäft, das nicht sehr viel abwarf, außerdem schrieb ich eine Kolumne für den *San Francisco Examiner*.«

»Können wir noch einmal auf Open Hands zurückkommen? Es wurden mehrere ähnliche Projekte gestartet, aber bei den ersten Schwierigkeiten gleich wieder aufgegeben. Sie dagegen haben durchgehalten. Was hat Sie dazu bewogen, weiterzumachen?«

Ihre Antwort war interessant. »Jerry, ich bin einfach davon überzeugt, daß ich nach Gottes Willen handle. Sonst würden doch nicht immer wieder all diese Wunder gerade zum rechten Zeitpunkt geschehen. Mir war schon immer bewußt, daß ich nur ein Werkzeug bin. Allein, ohne Gott, könnte ich das nicht tun.«

»Ruth, was würden Sie, stünden Sie in der Grundschule vor einer fünften oder sechsten Klasse, den Schülern sagen, wie man etwas verändern kann?«

»Darüber müßte ich erst ganz genau nachdenken. Ich glaube, ich würde ihnen etwas über Nächstenliebe erzählen. Aber man kann auch ohne Worte lehren. Ich selbst versuche immer, ein gutes Vorbild zu sein.«

Nachwort – Es fällt mir immer wieder schwer, andere Menschen mit Worten zu beschreiben. Von Ruth kann ich nur sagen, daß die Ruhe und der Friede, den sie ausstrahlt, sich auf andere übertragen. Ihre Liebe ist auch ohne Worte zu fühlen.

Sie setzt sich für etwas ein, das sie für Gottes Werk hält, und deshalb ist für sie nichts unmöglich. Ruth betont ausdrücklich, daß im Leben weder Beruf noch sozialer Status zählen, sondern nur das, was man für seine Mitmenschen tut. Sie sieht sich selbst als Werkzeug Gottes. Und ihre einfache Art zeigt, daß Liebe, Glück und Glauben nicht kompliziert sind, wenn man glaubt und vertraut.

Und Ruths Leben verkörpert in Wort und Tat Glauben und

Vertrauen. Mit Hilfe ihres Glaubens und ihres Vertrauens kann sie sich Zeit nehmen, ihren Blickwinkel und ihre ganze Energie darauf verwenden, ihren Mitmenschen zu helfen.

Kapitel 6

Ted Turner

*Bedenke, daß dein Wille Macht
über alle Fantasien und Träume besitzt.
Er allein hilft dir weiter
und trägt dich darüber hinaus.*

Ich bin schon seit langer Zeit der Überzeugung, daß jeder von uns eine vielschichtige Persönlichkeit besitzt. Die Persönlichkeit eines Menschen ist sozusagen wie ein Haus mit tausend Fenstern. Und was andere in einem sehen, hängt davon ab, durch welches der jeweiligen Fenster sie blicken. Ich selbst habe andere schon häufig nur durch ein einzelnes Fenster hindurch beurteilt. Was ich jedoch von Ted Turner gelernt habe, ist, sich nicht von den negativen Aspekten der Persönlichkeit eines Menschen ablenken zu lassen, sondern sich ganz auf die positiven zu konzentrieren.

Wenn man so berühmt ist wie Ted Turner, wird man nach den wenigen in den Medien präsentierten Facetten der eigenen Persönlichkeit beurteilt. Alle anderen werden ignoriert, mögen es auch noch so viele sein.

Wir sollten uns jedoch nicht von den Medien oder anderen Menschen manipulieren lassen, sondern uns selbst diejenigen Teile der Persönlichkeit heraussuchen, die wir selbst sehen wollen. Mit anderen Worten, wir brauchen uns nicht auf ein einzelnes Fenster zu beschränken.

Bevor ich Ted Turner kennenlernte, hatte ich schon viel

über ihn gehört und gelesen. Was mich davon am meisten beeindruckt hatte, waren die Berichte über sein Engagement und seine Arbeit für die Umwelt und den Frieden. Was mich dagegen am wenigsten beeindruckt hatte, waren die Berichte über ihn als Mensch, der sich über andere hinwegsetzte und gefühllos, selbstsüchtig und aufbrausend war.

Es gibt, so meine ich, nur wenige, die zu Ted Turner eine neutrale Einstellung haben. Entweder man mag ihn und bewundert ihn, oder man haßt ihn. In den Augen einiger Menschen ist er ein Don-Juan-Typ. Andere halten ihn für leicht reizbar und alles andere als entspannt und friedlich. Die Kraft seiner Energie scheint eine ungeheure Verwirrung zu stiften.

Obwohl ich Ted nicht persönlich kannte und mein Wissen über ihn aus zweiter Hand stammte, machte ich den Fehler, mir ein Urteil über ihn zu bilden. Ich glaube, wir sehen manchmal in anderen eben die Dinge, die wir in uns selbst nicht mögen oder nicht akzeptieren können. Und genau das tat ich mit Ted.

Vielleicht wundern Sie sich jetzt, warum ich über jemanden schreibe, der bei mir zunächst negative Gefühle hervorrief. Ich entschied mich für Ted, weil er trotz des Negativen, das ich über ihn gehört hatte, auf eindrucksvolle Weise demonstriert, wie ein einzelner Mensch die Welt verändern kann.

Teds schillernde Persönlichkeit läßt viele, und damit auch viele negative Charakterisierungen zu. Ich entschied mich, ihn weder durch ein einzelnes Fenster noch durch dasjenige zu betrachten, dem in letzter Zeit in den Medien die meiste Aufmerksamkeit geschenkt wurde, sondern durch das Fenster des Herzens. Denn wenn wir unseren Nächsten nicht durch das Fenster der Liebe betrachten, sondern mit Furcht und Voreingenommenheit, leiden darunter unsere eigene Liebe und Kreativität.

Ich lernte Ted 1987 auf einer Tagung in Aspen, Colorado, kennen, die unter dem Motto »Alternativen für die Zukunft« stand und von John Denvers *Windstar Organisation* finanziert wurde. Diese jährlich stattfindende Tagung wird von Menschen aus aller Welt besucht, die ihr Leben einer besseren Umwelt und dem Frieden widmen.

Teds Rede an diesem Tag war aufrichtig und ehrlich. Keine billige Effekthascherei, sondern Glaubwürdigkeit und Aufrichtigkeit charakterisierten ihren Inhalt. Das Publikum war so beeindruckt, daß es stürmisch applaudierte.

Heute sehe ich Ted ganz anders als damals. Für mich ist er ein Mensch mit starkem Selbstvertrauen, für den nichts unmöglich ist. Dies hat er sogar in Anwesenheit von Menschen, die das Gegenteil glaubten und seine Visionen für verrückt hielten, demonstriert.

Ich glaube, das Geheimnis seines Erfolgs – sei es im geschäftlichen Bereich, beim Segeln, bei den Olympischen Spielen in der Sowjetunion, bei seiner Unterstützung des Cousteau-Projekts – liegt in seiner Fähigkeit, sich voll und ganz seiner Vision zu widmen. Er hat gelernt, den »ungläubigen Thomas«, der so viele von uns heimsucht, loszulassen. Und er läßt sich durch kein negatives Feedback von seinem Ziel abbringen, sondern behält es stets fest im Blick.

Bevor ich zu meinem Interview mit Ted komme, möchte ich Ihnen ein wenig von seinen Leistungen berichten. 1970 kaufte er Kanal 17, einen unabhängigen Fernsehsender in Atlanta. Im Dezember 1976 schuf er den ersten Superstar, indem er sein Programm via Satellit an die nationalen Kabelsysteme übermittelte.

1976 kaufte Ted das Basketballteam *Atlanta Braves* und im Januar 1977 die *Atlanta Hawks*. Am 1. Juni 1980 startete er CNN, den ersten Nachrichtensender der Welt, der rund um die Uhr sendet.

Im März 1985 gründeten Ted und J. J. Ebaugh die *Better*

World Society, eine wohltätige Organisation, deren Ziel die Produktion und der internationale Vertrieb von Fernsehprogrammen mit kritischem Inhalt ist. 1986 organisierte er die *Inaugural Good Will Olympic Games* in Moskau. Für seine Leistungen wurde er bereits mit zahlreichen Preisen ausgezeichnet. Zu guter Letzt gewann er mehrere nationale und internationale Segelregatten.

Stellen Sie sich jetzt vor, Sie verbrächten mit mir, Ted und unserer gemeinsamen Freundin J. J. Ebaugh am 12. März 1989 einen Tag in Big Sur hoch über der Pazifikküste. Es handelt sich um ein kleines Haus mit einem großen Wohnzimmer, dessen breites Fenster einen der herrlichsten Ausblicke bietet, die ich jemals gesehen habe. Am besten gefiel mir jedoch ein Pfad, der zu einer Klippe mit einer Bank hinaufführte, von der man auf den blauen Pazifik hinuntersah. Es war ein klarer, warmer Tag, und ich fühlte mich wie im Himmel. Hier fand ein Großteil des Interviews statt.

Wir frühstückten zusammen und aßen auch zusammen zu Mittag und zu Abend. Der Tag war für mich eine wunderbare Erfahrung. Oft fielen wir in Schweigen, während wir mit der majestätischen Schönheit um uns herum eins zu werden schienen. Ted hatte bereits bei mir in Tiburon gewohnt, aber wir waren noch nie zusammen in der Natur gewesen.

Während des Interviews mußte ich wiederholt daran denken, daß der wichtigste Teil der zwischenmenschlichen Kommunikation im Schweigen besteht, und zwar besonders dann, wenn wir unsere Verbundenheit mit der Natur und ihrer Einzigartigkeit fühlen.

Als wir vor dem Frühstück mit Teds Jeep zum Einkaufen fuhren, bremste er plötzlich, brachte den Wagen zum Stehen und stieg aus. Er hob eine leere Bierdose auf und warf sie in den Abfallbehälter seines Jeeps. Dann fuhr er zu dem kleinen Laden weiter, wo ihn alle mit Vornamen anredeten.

Dieser anscheinend unbedeutende Vorfall sagte mir mehr

über Ted Turner als tausend Worte. Hier war ein Mann, der nicht nur über die Umwelt sprach, sondern auch etwas dafür tat, wenn es auch nur das Auflesen von Abfall war, den andere zurückgelassen hatten.

Nach dem Frühstück fragte ich Ted auf der Klippe mit der Bank: »Was würden Sie nach all den Kämpfen, die Sie in Ihrem Leben durchzustehen hatten, einem Achtzehnjährigen sagen, der allein in die Welt hinausgehen muß? Was können diese jungen Leute von Ihnen lernen?«

»Es ist wichtig«, antwortete Ted, »Gutes zu tun, um die Welt besser, nachdenklicher und fürsorglicher zu gestalten. In fast jedem von uns steckt eine Helen Keller. Was meinen Werdegang betrifft, so hat alles, was ich gesehen, gelesen und getan habe, mein Leben beeinflußt.«

Ich bat Ted, mir von den Fantasien und Träumen, die er als Kind gehabt hatte, zu erzählen.

»Ich war gern im Freien und mochte Tiere«, begann Ted. »Alles, was mit der Natur und Tieren zu tun hatte, machte mich glücklich. Als Kind besuchte ich eine sehr fromme, presbyterianische Schule, in der viel von Verdammnis und Erlösung die Rede war. Darauf bin ich reingefallen.

Von meinem elften bis zu meinem siebzehnten Lebensjahr war ich auf der Militärschule, und erst in dieser Zeit begann ich mir über Religion Gedanken zu machen. Meine Schwester erkrankte an Lupus, als ich fünfzehn war, und ich betete viel für sie, aber es half nichts. Man erwartet von einem guten Christen auch, daß er sich nicht darum kümmert, ob seine Gebete erhört werden oder nicht.

Und man soll seinen Glauben nicht verlieren, auch wenn einer geliebten Person etwas Schreckliches widerfährt. Aber manchmal passiert es eben doch. Meine Schwester war drei Jahre jünger als ich und ein süßes, kleines Mädchen, als sie im Alter von zwölf Jahren krank wurde. Sie war fünf Jahre lang krank, und die Krankheit zerstörte ihr Gedächtnis und führte zu Wachstumsstörungen. Sie fühlte sich die ganze Zeit über schrecklich elend und hatte ständig Schmerzen. Der Tod war letztendlich ein Segen.

Meine Familie ging daran fast zugrunde. Meine Eltern ließen sich scheiden. Meine Mutter suchte auf der ganzen Welt nach irgendwelchen Wunderheilungen. Aber selbst heute, dreißig Jahre später, ist Lupus immer noch unheilbar. Das alles erschütterte meinen Glauben zutiefst.«

Ich fragte Ted nach seinem heutigen Glauben, denn ich wollte wissen, ob er nach dem Tod seiner Schwester zum Atheisten geworden war.

»Ich weiß nicht, ob *Atheist* das richtige Wort ist. Ich habe da so meine eigenen Ansichten, aber ich behalte sie für mich. Ich frage auch andere Menschen nicht nach ihren religiösen Ansichten.«

Ich verstand, daß er nicht weiter darüber sprechen wollte, deshalb wechselte ich das Thema. »Welche Leute haben Sie in jungen Jahren am meisten beeinflußt?« fragte ich.

»Am meisten wahrscheinlich mein Vater. Er war sehr freundlich, aber auch sehr streng. Er war noch von der alten Schule und hatte ganz bestimmte Vorstellungen. Es war kaum möglich, ihn in irgendeiner Sache umzustimmen.«

»Was glauben Sie, war das Wichtigste, was er Ihnen beibrachte?« fragte ich.

»Da fallen mir mehrere Dinge ein. Er brachte mir ein starkes Ehrgefühl bei. Und er war der Überzeugung, daß man es im Alter leichter hat, wenn man streng erzogen wird.

Er schickte mich auf die Militärschule, damit ich lernte, stark und unabhängig zu werden. Und in einem Internat ist man wirklich ganz auf sich selbst gestellt.«

Ich bekam das Gefühl, daß es ihm schwerfiel, über persönliche Beziehungen zu sprechen. Bestimmt hat jeder von uns in seiner Kindheit bestimmte Traumata, Ängste und Enttäuschungen erlebt. Ich wollte Ted nicht weiter drängen, obwohl vieles unausgesprochen blieb, denn ich hatte das Gefühl, daß er zu Furcht, Verbitterung und Mißtrauen neigte, was bestimmt auf den frühen Tod seiner Schwester, die strenge Erziehung ohne viel Zuneigung seitens der Eltern und die Militärschule zurückzuführen war.

Aber anstatt sein Leben von Bitterkeit bestimmen zu lassen, setzte Ted alles daran, sich mit den positiven Eigenschaften seines Vaters zu identifizieren. Von ihm hatte er gelernt, hundertprozentig an sich selbst zu glauben und sich niemals von seinem Ziel abbringen zu lassen.

Teds Beziehung zu seinem Vater zeigt uns erneut, daß jede Erfahrung, die wir im Leben machen, als positive Lektion betrachtet werden kann.

»Welche Bücher haben Sie im Alter zwischen zwanzig und dreißig Jahren am meisten beeinflußt?« wollte ich wissen.

»Damals interessierte ich mich für Geschichte und die Klassiker«, antwortete Ted. »Ich wollte erfolgreich sein, reich und berühmt werden... ein Held, wenn man so will. Damals dachte ich noch nicht viel über das Schicksal unseres Planeten nach. Ich war schon vierzig, als ich merkte, daß vieles nicht stimmt.«

Diese Worte erinnerten mich daran, daß es niemals zu spät oder zu früh ist, um aufzuwachen. Auch ich war in meiner Jugend in erster Linie mit mir selbst beschäftigt und nicht mit dem, was um mich passierte.

Ich erzählte Ted, daß ich vor kurzem einen Bericht über Studenten gelesen hatte, in dem zu lesen war, daß sie sich hauptsächlich für materielle Dinge interessieren, zum Beispiel wieviel Geld sie verdienen oder wieviel Macht sie erringen können. Ich fragte ihn, wie er darüber dachte.

Teds Antwort war prompt. »Ein gutes Einkommen und finanzieller Erfolg sind immer wichtig. Sogar in den sozialistischen Ländern. Der Mensch will ja für seine Familie sorgen. Aber natürlich gibt es auch viele andere Dinge, die ebenso wichtig sind. Ich spreche jährlich in zehn bis zwölf Schulen. Dort versuche ich die jungen Menschen dahingehend zu ermutigen, der Menschheit zu dienen und trotzdem persönlich erfolgreich zu sein. Beides widerspricht sich nicht.«

Ted Turner ist sehr beschäftigt, aber wie alle erfolgreichen, vielbeschäftigten Menschen hat er gelernt, seine Zeit genau einzuteilen. Das Gespräch mit jungen Menschen ist ihm unerhört wichtig. Ich war bei mehreren solcher Reden und Gespräche zugegen und habe erlebt, daß es ihm immer gelingt, bei seinen Zuhörern ein Feuer zu entfachen und sie zu inspirieren, unsere Welt auf positive Weise zu verändern.

Wir sprachen auch davon, wie wichtig es ist, im Leben Entscheidungen zu treffen. Ted sagte dazu: »Es gibt ein Sprichwort: ›Informiere dich gut, bevor du etwas tust.‹ Das lehrte mich schon mein Vater, und er meinte damit, daß man für sein Leben selbst die richtigen Entscheidungen fällen muß.

Sobald man genügend Selbstvertrauen besitzt, Entscheidungen selbst zu treffen, besorgt man sich die entsprechenden Informationen und holt sich den Rat von Freunden und Beratern. Dann kennt man auch die Konsequenzen. Wenn es ums Geld und ums Geschäft geht und man sich falsch entscheidet, muß man die Konsequenzen tragen. Entscheidet man sich dagegen richtig, kommt man zu Wohlstand.«

»Mit anderen Worten, man muß wirklich hundertprozentig an sich selbst glauben. Man besorgt sich die nötigen Fakten und handelt.«

»Richtig«, sagte Ted. »Das ist auf lange Sicht eine Vorbedingung für den Erfolg. Jeder wird hie und da mal in eine Sackgasse geraten, aber er wird sich wieder fangen, und genau darauf kommt es an.

Manchmal muß man sich auch entscheiden, ohne all die nötigen Informationen zu besitzen. In diesem Fall sollte man sich nicht zu schnell eine Meinung bilden, sondern flexibel bleiben und unter Umständen umdenken. Jeder von uns, der sich bemüht, echte Weisheit zu erlangen, muß offen und flexibel sein. Wir lernen heutzutage so schnell. Wenn man auf einer Meinung beharrt, kann man sich nicht weiterentwikkeln.«

Während Ted sprach, wurde er immer nachdenklicher. »Was Entscheidungen betrifft, so hat mir das Segeln sehr geholfen«, fuhr er fort. »Bei einem Wettkampf steuert man entweder nach links oder nach rechts, je nachdem, wofür man sich entscheidet. Auf die Entscheidung kommt es an, auf die geistige Entscheidung, nicht so wie zum Beispiel beim Tennisspielen, wo alles viel schneller abläuft. Das Segeln ist ein richtiger Denksport, und ich fing schon im Alter von zehn Jahren damit an.

Meine Entscheidungsfähigkeit habe ich aber unter anderem auch durch Schach, Monopoly, Bridge und diverse andere Kartenspiele geschult. Die neuen elektronischen Spiele dagegen erfordern keine Entscheidungsfähigkeit. Dabei geht es mehr um Fingerfertigkeit als um geistige Schnelligkeit. Man muß zwar schnell, aber nicht analytisch denken.«

Während wir so dasaßen und den Blick über das Meer schweifen ließen, fiel mir ein, daß ich gehört hatte, wie Ted einmal jemanden gefeuert hatte, der ihn verraten hatte. Ich fragte mich, wie er Derartiges verarbeitete und überwand.

»Es ist schwer, jemandem zu verzeihen, der einem in den Rücken fällt, Gelder unterschlägt und so weiter. Von der Konkurrenz erwartet man ja immer, daß sie einen übervorteilt, aber wenn es jemand aus dem eigenen Team ist, dann ist es sehr schwer, diesem Menschen zu verzeihen.«

Um inneren Frieden zu erlangen, muß man also den Wert des Verzeihens erkennen. Seinen Groll zu überwinden ist für jeden von uns ein lebenslanger Prozeß. Ich glaube, viele von uns spüren wie Ted den Wert der Vergebung, und wir wissen, daß nachtragende Gedanken uns nicht den inneren Frieden bringen, den wir eigentlich suchen.

Als ich Ted fragte, welche berühmten Leute ihn beeinflußt hätten, antwortete er: »Von denen, die ich nie kennenlernte, waren Gandhi und Martin Luther King die wichtigsten. Aber es gibt noch viele andere: Kapitän Cousteau und sein Sohn Michael; Russel Peterson, den Vorsitzenden der Audubon-Gesellschaft; und Lester Brown, den Vorsitzenden des *Worldwide Institutes*.

Diese Menschen trugen dazu bei, daß ich mich aktiv für den Frieden, eine saubere Umwelt, Geburtenkontrolle und die Beendigung des Rüstungswettlaufs einsetze.«

»Vor ein paar Jahren hörte ich Sie bei *Choices for the Future* und in Washington beim sowjetisch-amerikanischen Gipfeltreffen sprechen. Ihre Liebe und Ihr Engagement für unseren Planeten sind immer deutlicher zu spüren. Ihre Hingabe ist beneidenswert. Viele Menschen interessieren sich für unsere Umweltprobleme, zeigen aber nicht diesen Einsatz. Was kann man tun, um auch bei ihnen dieses Feuer und diese Leidenschaft zu entzünden?«

Ted wurde plötzlich sehr lebhaft und sprach mit großem Eifer. »Dieser Planet ist mein Zuhause! Er gehört uns allen. Die Menschen sehen es oft nicht von dieser Seite. Sie betrachten ihr kleines Haus, ihren Garten und ihre kleine Stadt als ihr Zuhause. Vor zweihundert Jahren war das auch noch in Ordnung! Aber die Welt ist seit damals immer kleiner geworden. Was unser Denken verändert hat, waren die ersten Bilder von der Erde, die aus dem All gemacht wurden. Auf ihnen sahen wir zum ersten Mal, daß die Erde wirklich rund und daß sie sehr, sehr klein und zerbrechlich ist. Sie ist wie das Blumenbeet eines einzelnen Menschen.

Durch Giftsprays kann man seinen Garten innerhalb von zehn Minuten zerstören. Und genau das tun wir mit der Erde. Um die Nahrungsmittelproduktion zu steigern, versprühen wir Chemikalien in sämtliche Winde.

Ich gehöre zu der bereits großen Zahl von Menschen, die

gegen die Zerstörung unseres Zuhauses kämpft. Wir müssen uns ändern. Wer will schon seinen Kindern vergiftete Nahrung oder seiner Familie verseuchtes Wasser geben?

Alle wollen sauberes Wasser und saubere Luft, niemand will Abfall in seinem Hinterhof. Aber niemanden kümmert der Abfall im Hof seines Nachbarn. Und genau das muß sich ändern. Wir müssen eine globale Ethik entwickeln, nicht nur eine persönliche.«

Zu unserer Überraschung tauchten genau in diesem Moment drei große Wale aus dem Wasser auf, die riesige Wasserfontänen versprühten.

Dieser wunderbare Anblick verschlug mir die Sprache. Das Schauspiel beeindruckte uns beide so stark, daß wir in Ehrfurcht verstummten.

Nach einigen Minuten bat mich Ted, mit dem Interview fortzufahren. »Wann genau haben Sie begonnen, Ihre globale Perspektive zu entwickeln?« fragte ich ihn.

»Das war ein langsamer Prozeß. Ich liebte die Natur schon immer und habe mir auch schon immer Cousteaus Sendung im Fernsehen und das Programm der *National Geographic* angeschaut. Cousteau hat uns schon vor vielen Jahren gewarnt. Außerdem las ich auch die Bücher von Rachel Carson sowie des *Club of Rome*. Als Carter Präsident war, las ich den *Global Two Thousand Report,* und von da an bildete ich mich ständig weiter.

Jedes Jahr veröffentlicht das *World Watch Institute* einen Bericht über den Zustand unseres Planeten, über die Luftverschmutzung, den sauren Regen, die Bodenerosion, die Aufrüstung, das Gesundheits- und Bildungswesen. Ich lese ihn jedes Jahr und empfehle die Lektüre jedem. Auch die Vereinten Nationen veröffentlichen Bücher über globale Themen und ihre Lösung.«

Auch das war eine von Teds Lektionen. Wenn jemand, der so beschäftigt ist wie er, sich laufend informiert, dann sollte ich vielleicht in Zukunft aufhören, nach Entschuldigungen zu suchen, um es nicht zu tun, und es ihm nachtun.

Auf Teds Empfehlung hin las ich *Our Common Future* von Norwegens Premierminister Gro Harlem Brundtland, ein Buch, das mein Interesse an der Umweltpolitik geweckt hat. Aber es gibt noch immer viele Menschen, die anscheinend zu beschäftigt sind, um über Probleme wie den sauren Regen oder die Zerstörung der Regenwälder nachzudenken. Vielleicht sollten wir uns in dieser Hinsicht Ted zum Vorbild nehmen.

Ich fragte Ted nach seiner Vision von der Zukunft. »Was möchten Sie gern zu Lebzeiten erreichen?«

»Ich möchte, daß wir umkehren. Unser Planet muß anders behandelt werden. In der Sowjetunion haben wir die fortschrittlichste Regierung seit der Revolution, aber sie interessiert sich nur für das Hier und Jetzt und nicht für globale Langzeitprobleme.

Die drei größten Probleme dieser Welt sind der Rüstungswettlauf, die Bevölkerungsexplosion, vor allem in der Dritten Welt, und die Umweltverschmutzung. Sie sind außerordentlich komplex und erfordern den vollen Einsatz eines jeden Landes.

Aus diesem Grund müssen wir umdenken und umkehren. Bisher waren wir der Ansicht, daß nur der Erfolg der Vereinigten Staaten zähle, und wir traten somit mit der gesamten Welt in Konkurrenz.

In der Vergangenheit waren wir ganz schön überheblich. Wir dachten, wir seien besser als andere und hätten das Recht, besser zu leben. Wir sind ein reiches Land, aber diese Art zu denken bringt uns nicht weiter. Kapitän Cousteau sagte, solange Menschen in anderen Teilen der Welt in tiefster Armut leben, können wir unmöglich unser eigenes Leben genießen.

Es sollte also für alle besser werden. Das bedeutet aber nicht unbedingt, daß wir etwas aufgeben müssen. Vieles kann mit Technologie erreicht werden, sofern sie richtig eingesetzt wird. Statt dessen wird zuviel Geld und Energie in die Rüstung gesteckt. Das Rüstungsbudget der gesamten Welt beläuft sich mittlerweile auf jährlich eine Trillion Dollar.«

»Sie werden als Machtmensch und harter Bursche beschrieben. Dennoch setzen Sie sich mehr als jeder andere für ein besseres Verhältnis zur Sowjetunion ein. Wie können wir die Barrieren überwinden, um Freundschaft, Zusammenarbeit und ein globales Bewußtsein zu entwickeln?«

Ted antwortete, ohne zu zögern: »Zunächst müssen wir lernen, global zu denken. Es gibt auf unserem Planeten keine schlechten Menschen. Schlecht kann nur die Erziehung und das persönliche Umfeld sein.

Denken Sie zum Beispiel an die Art und Weise, wie Kinder in Deutschland und Japan vor dem Zweiten Weltkrieg erzogen wurden. Von frühester Jugend an wurde ihnen der Militarismus eingebleut, sie mußten einen Eid auf Kaiser und auf Führer schwören, aber dieselben Kinder hätten unter anderen Umständen genausogut Pfadfinder werden können. Es war nur eine Frage der Erziehung.«

»Und die Verantwortung in unseren persönlichen Beziehungen? Würden Sie sagen, daß wir die Verantwortung für die Heilung von Beziehungen übernehmen müssen?« fragte ich Ted.

Überraschenderweise zitierte Ted die Bibel. »In der Bibel steht, daß man seinen Feinden verzeihen soll. Man muß lernen, keinen Groll zu hegen, sondern zu vergeben.

Unser Land [Amerika] hat das getan. Nach dem Zweiten Weltkrieg haben wir den Deutschen und den Japanern verziehen. Das ist vielleicht einer der Gründe, warum wir nicht noch einen Krieg mit ihnen führten. Nach ihrer Niederlage halfen wir ihnen wieder hoch, anstatt sie wie die Alliierten nach dem Ersten Weltkrieg völlig niederzumachen. Sie zahlten enorm viel an Wiedergutmachung und wurden gedemütigt. Die Art und Weise, wie die Deutschen damals behandelt wurden, erzeugte viel Haß.

Hitler wuchs in dieser Atmosphäre des Hasses auf und wurde zum Führer des Landes. Und solange es solche Menschen gibt, werden wir wohl eine Polizeimacht benötigen. Vielleicht werden wir eines Tages in der ganzen Welt die politischen Führer gemäß ihrer Qualifikation und Weisheit wählen. Die Menschen müssen sich Führer aussuchen, deren Ziel eine Gesellschaft ist, die überlebensfähig ist.«

»Wie denken Sie über Frauen in Führungsrollen?«

»Frauen hatten in der Vergangenheit mit Sicherheit nicht dieselben Chancen wie Männer«, antwortete Ted. »Ihre Chancen verbessern sich zwar langsam, aber es ist immer noch nicht einfach für sie, vor allem, wenn sie Kinder haben wollen. Ich finde es gut und richtig, daß immer mehr Frauen Führungspositionen einnehmen.«

Jetzt wollte ich Ted eine ganz andere Frage stellen. Ich sagte ihm, daß meiner Meinung nach eine unserer schlimmsten Ängste die Angst vor dem Tod sei. »Halten Sie den Tod für eine Realität oder für eine Art Übergang in eine andere Existenz?« wollte ich von ihm wissen.

»Die meisten Menschen fürchten sich wohl vor dem Tod. Auch ich möchte nicht sterben, aber mir ist bewußt, daß wir alle einmal sterben müssen. Was danach geschieht, weiß ich nicht. Die Vorstellung eines schönen Himmels über den Wolken, wo wir alle Golf spielen oder angeln gehen, würde mir schon gefallen.

Aber es wäre auch langweilig, oder? Mein persönlicher Wunsch wäre ein Leben nach dem Tod, so wie es sich die Indianer vorstellen, als ewige Jagdgründe. Vielleicht gibt es ja einen solchen Ort. Ansonsten steckt in jedem von uns viel Energie, und wenigstens unsere Körper werden von der Natur wiederverwertet.«

Er schwieg lange, ehe er fortfuhr. »Oder sie geht dahin

zurück, woher sie gekommen ist. Was wäre daran so schlecht?«

»Wenn Sie Ihren Körper verlassen haben und sich nicht mehr in physischer Gestalt auf unserem Planeten befinden«, fragte ich, »was sollen dann die Menschen über Sie und Ihr Lebenswerk sagen?«

Teds Antwort kam wie aus der Pistole geschossen. »Ich sehe die Dinge von einem galaktischen Standpunkt aus. Wir sind nur winzige Lebewesen auf einem kleinen Planeten in einer Ecke des Universums. Was wir zu erreichen versuchen, macht vor dem Hintergrund der kosmischen Zeit keinen großen Unterschied.

Das heißt aber nicht, daß wir uns nicht anstrengen müssen, um die Welt zu verbessern. Wer anderen hilft und sich um größere Belange kümmert, führt auch ein glücklicheres und zufriedeneres Leben als diejenigen Menschen, die nur ihr eigenes, selbstsüchtiges Vergnügen suchen.«

Da ich selbst auch ein ausgeglicheneres Leben führen wollte, fragte ich Ted: »Wie schaffen Sie sich einen Ausgleich in Ihrem Leben? In diesem Augenblick betrachten wir den Pazifik und die wunderbare Welt um uns herum, wir haben Robben und Seeottern beim Spielen zugeschaut. Aber wie gehen Sie mit alltäglichen Problemen um? Wie bringen Sie einen Ausgleich in Ihr Leben? Was tun Sie, um sich zu regenerieren? Beten oder meditieren Sie zum Beispiel?«

»Nein, ich meditiere nicht. Ich denke nach« antwortete Ted. »Unter der Woche arbeite ich sehr hart, und das Wochenende verbringe ich in der freien Natur. Ich betrachte unseren Planeten – samt seinen Tieren, Vögeln, Insekten, Fischen, Blumen und Bäumen. Aber auch die Menschen.«

Dann stellte ich eine meiner Lieblingsfragen. »Welche Ihrer augenblicklichen Tätigkeiten finden Sie am interessantesten?«

»Eigentlich ist jedes meiner Projekte das interessanteste«,

antwortete Ted. »Von den Fernsehsendungen hat *The World Report,* den wir sonntags senden, das meiste Potential.

Bereits jetzt beteiligen sich neunzig Länder daran, und es werden hoffentlich bald alle Länder dieser Erde sein.«

Da ich mein ganzes Leben lang mit Kindern gearbeitet habe, fragte ich: »Wie können wir unsere Kinder lehren, anstatt Bürger eines bestimmten Landes Weltbürger zu sein? Kann die Schule dies leisten?«

»Wir senden eine siebenstündige Fernsehserie mit dem Titel *Ports of the Soviet Union*«, antwortete Ted. »Das Fernsehen kann auf die Kinder einen großen Einfluß haben. Aus diesem Grund beliefern wir Schulen mit Videos dieser Sendungen, damit diese Probleme Eingang in den Lehrplan finden.«

Anschließend brachte ich *A Better World Society* zur Sprache, zu deren Entstehung Ted wesentlich beigetragen hatte. »Worum geht es bei dieser Organisation, was sind ihre Ziele?«

»Ich war ganz verzweifelt, weil wir keine Werbeträger für unsere kritischen Dokumentarfilme über Geburtenkontrolle, Atomwaffen und Umweltprobleme hatten. Aus diesem Grund schlug J.J. die Gründung einer Organisation vor, die sich um finanzielle Hilfe bei anderen philanthropischen Gruppen und Einzelpersonen bemüht.«

Ted erwähnte mit keinem Wort, daß er selbst die finanzielle Grundlage für die Organisation zur Verfügung stellte.

Ted und J.J. verband eine tiefe Freundschaft, die für beide von größter Wichtigkeit war. J.J. Ebaugh ist eine außergewöhnliche, liebenswerte Frau, die eine sehr enge Beziehung zu Gott hat. Sie ist nicht nur intelligent, voller Energie und Tatkraft, sondern auch noch bildhübsch und besitzt zudem vielfältige Fähigkeiten und Talente. Sie ist eine exzellente Pilotin, sie segelt und fährt Autorennen. Auch sie ist entschlossen, die Welt zu verändern, und es überrascht mich nicht, daß beide zusammenarbeiten.

Während ich über Teds Verhältnis zu seinen Kindern nachdachte, kam mir der Gedanke, daß es seine Kinder möglicherweise sehr schwer hatten, es einem solchen Vater gleichzutun. Außerdem konnte ich mir vorstellen, daß er als Vater sehr anspruchsvoll war.

Dazu sagte er mit einer Stimme, die plötzlich ganz sanft wurde: »Kinder zu haben war für mich schon immer das Wichtigste. Ich liebe meine Kinder und bin sehr stolz auf sie. Ich habe drei Jungen und zwei Mädchen im Alter zwischen achtzehn und sechsundzwanzig Jahren. Leider können wir nicht soviel Zeit miteinander verbringen, wie ich gerne möchte.«

Ich hielt das Gespräch über die Liebe zu seinen Kindern und unseren Glauben an sie und an die Zukunft für einen guten Abschluß unseres Interviews. Der Rest des Tages verlief dann sehr ruhig, ebenso unser gemeinsames Abendessen.

Ganz zum Schluß passierte noch etwas ganz Besonderes. Ich mußte gerade daran denken, daß Teds Haus wahrlich ein Paradies für Schriftsteller sein mußte, als Ted, der meine Gedanken zu lesen schien, plötzlich sagte: »Jerry, wenn Sie hier einmal gerne schreiben möchten, steht Ihnen das Haus jederzeit zur Verfügung. Wir sind leider nur sehr selten hier.«

Nachwort – Wenn ich daran denke, wie wenig ich früher von Ted gehalten habe, muß ich fast lachen. Aber schließlich sagte man von ihm, er wäre so grob und ungehobelt, daß er zum Frühstück Nägel esse. Es ist schon erstaunlich, wie sehr uns unsere Ängste einengen, wenn wir die Vorstellungen anderer Menschen übernehmen. Indem ich mir jedoch für das Interview das Fenster der Liebe aussuchte, war es mir möglich, das negative Bild von Ted zu berichtigen.

Um ehrlich zu sein, muß ich zugeben, daß ich Ted, als ich mit dem Interview begann, trotz der wunderbaren Dinge, die ich bereits über ihn gehört hatte, nicht mochte. Ich hatte mich von meinem Ego leiten lassen und zog hauptsächlich die Dinge in Betracht, die Ted früher gemacht hatte und die weniger bewundernswert waren.

Man fühlt sich jedoch wesentlich freier, wenn man weiß, daß man sich nicht an die Vergangenheit klammern muß und die Liebe unsere einzige Wirklichkeit ist. Nur die Liebe währt ewig.

Ted gibt nur sehr selten Interviews, was dazu beitrug, daß wir beide am Anfang gemischte Gefühle hatten. Aber an jenem Tag habe ich eine Veränderung durchgemacht. Dieser Tag barg für mich einen Zauber, und ich hoffe, daß es auch Ted so erging.

Ich kann Ihnen deshalb aufrichtig sagen, daß ich diesen Burschen Ted Turner nicht nur mag, sondern große Liebe für ihn empfinde und froh bin, daß wir zusammen diesen Planeten bewohnen.

Kapitel 7

Dr. George Wood

*Liebe ist der Weg,
den ich in Dankbarkeit gehe.*

Von Dr. Wood habe ich gelernt, daß man nicht viel Aufhebens machen muß, um in unserer Welt etwas zu bewirken. Ich habe ihn kennengelernt, nachdem ich in der Zeitung von der besonderen Geburtstagsparty gelesen hatte, die zu seinen Ehren gegeben worden war. Die Party fand in dem kleinen Ort St. Helena in Kalifornien statt, wo Dr. Wood ab 1925 als Arzt tätig gewesen war. Der Anlaß für die Feier war Dr. Woods einundneunzigster Geburtstag, aber wie sich herausstellte, sollte es noch viel mehr sein als nur das. Es wurde schlichtweg die Feier aller Feiern.

Aber bevor ich von der Party erzähle, möchte ich etwas über Dr. Wood selbst sagen. Man muß nämlich wissen, daß er die Menschen in St. Helena einundsechzig Jahre lang als Arzt betreut hat und daß er in dieser Zeit mehr als zweitausend Kinder entbunden hat. Und genau diese Kinder gaben die Party zu seinem einundneunzigsten Geburtstag, und dies machte sie zu etwas Besonderem.

Was mich wirklich tief gerührt hat, war, daß viele der Babys, die inzwischen natürlich längst erwachsen waren, von weit her kamen, um diesen besonderen Mann zu ehren. Ganz besonders gefallen hat mir, daß Dr. Woods »Babys« sich in Reih und Glied aufgestellt haben, um ihm vorgestellt zu werden. Es gab Auszeichnungen für die älteste anwesende Mutter, für die meisten Generationen, die Dr. Wood entbunden hat, für die ältesten Zwillinge, für das Erstgeborene und das zuletzt Geborene sowie für den Menschen, der die weiteste Reise zurückgelegt hatte, um Dr. Wood an diesem Tag die Ehre zu erweisen.

Die Parade der Babys, die Dr. Wood entbunden hatte, die nun an ihm vorbeimarschierte, war wunderschön anzusehen. Als der Mann, der durch das Programm führte, die mehr als eintausend Gäste fragte, wie viele von ihnen von Dr. Wood entbunden worden waren, schnellten mehr als zweihundert Hände in die Höhe.

Die örtliche Zeitung, der *St. Helena Star,* berichtete, daß »einst der Wein St. Helena auf die Landkarte gebracht hat, aber Dr. George Wood hat dafür gesorgt, daß wir auf der Titelseite erscheinen – und im Fernsehen und Radio.«

Als es an der Zeit war, die Kerzen auf seinem Geburtstagskuchen auszupusten, hielt Dr. Wood eine kurze Rede. Er sagte: »Angesichts der Veränderung in unserem Tal und in der Welt und angesichts der Probleme und des Stresses sind es die Freunde, die wirklich zählen.« Dann sprach er noch kurz über die Bedeutung von Erziehung und Bildung junger Menschen und über die Wichtigkeit, anderen zu helfen.

Dr. Wood hatte Patienten oftmals, wenn sie nicht in der Lage waren zu bezahlen, kostenlos behandelt. Im Jahr 1984 wurde ihm in Anerkennung seiner außergewöhnlichen Verdienste als Landarzt der *Frederick Plessner Memorial Award* verliehen.

Etliche Jahre vor seinem Ruhestand hatten er und seine Frau eine Stiftung ins Leben gerufen und im Laufe der Jahre viele bedürftige Studenten finanziell unterstützt. Sie hatten das Geld ohne Namensnennung zur Verfügung gestellt, so daß keiner, der das Geld bekam, sich in irgendeiner Weise verpflichtet fühlen mußte. Als ich über Dr. Wood las, erfuhr ich, daß er auch mehrere tausend Dollar für die öffentliche Bibliothek in St. Helena gestiftet hatte, die dadurch zu einem Zentrum der Gemeinde wurde, das Menschen aller Altersgruppen nutzen konnten.

Als ich die Geschichte von Dr. Woods Leben zum ersten Mal hörte, spürte ich tief im Innern, daß ich diesen Mann einfach kennenlernen mußte. Meiner Ansicht nach war er ein seltenes Juwel, ein Mensch, der sein Leben in völliger Hingabe, Echtheit, Integrität, Zuverlässigkeit und Vertrauen lebte. Er war ein Mensch, der wirklich lebte und sich um andere Menschen sorgte. Ich wollte ihn kennenlernen, weil ich hoffte, daß ein Teil dessen, was diesen gütigen Mann ausmachte, sich auf mich übertragen würde.

Während meines ersten Zusammentreffens mit Dr. Wood mußte ich ständig daran denken, daß der Schöpfer des Wortes *Gentleman* sicherlich diesen Mann vor Augen gehabt hatte. Was mir sofort auffiel, hätte man zunächst für einen Widerspruch halten können, aber das war es nicht. Obwohl er schüchtern war, sprühte er gleichzeitig vor lauter Energie, Neugier und Staunen. Ich bekam den Eindruck, als seien seine Sinne weit geöffnet und warteten nur darauf, neue Eindrücke aufzunehmen. Er war so lebendig und voller Energie, daß ich sein Alter vollkommen vergaß.

Während ich mehr über sein Leben erfuhr und mich dann mit ihm unterhielt, erkannte ich, daß er nach genau den Grundsätzen lebte, die ich so gerne in meinem Leben verwirklichen wollte, hätten nicht die täglichen Versuchungen und Herausforderungen wie Magnete gewirkt und mich von meinem beabsichtigten Kurs abgebracht. Jetzt lernte ich einen Mann kennen, der einen Kurs in seinem Leben gefunden hatte und dem es gelungen war, diesen Kurs auch beizubehalten. Und außerdem schien er alterlos, als habe er ein Geheimnis entdeckt, das ihm die üblichen Gebrechen des Alters ersparte.

Es war mir eine Freude und eine Ehre, diesen Menschen kennenzulernen, und ich hoffte zu erfahren, welche Kraft ihn antrieb. In seiner Persönlichkeit vereinte er so vieles, was anderen, einschließlich mir, als Vorbild dienen konnte.

Er vermittelte keineswegs den Eindruck eines über neunzigjährigen Mannes, und es war für jeden offensichtlich, daß er sich das Herz und die Begeisterungsfähigkeit eines Kindes bewahrt hatte. Obwohl von kleiner Gestalt, schien er, wenn er stand, zwei Meter groß. Für mich, und ich glaube auch für viele andere, war er schlichtweg ein Held. Selbst wenn John Wayne das Zimmer betreten hätte, hätte der Doktor, dessen bin ich sicher, ihn überragt. Für mich war er der lebende Beweis dafür, daß es weder von der Körpergröße noch von der körperlichen Kraft noch davon, wieviel Aufhebens man macht, abhängt, ob man einen positiven Beitrag leistet und etwas zum Guten verändert. Ich fand es beeindruckend, daß Dr. Wood sich nicht durch die Überzeugungen der anderen hatte beeinflussen lassen und daß er seinen eigenen Weg gefunden hatte, der ihm zu innerem und äußerem Erfolg verholfen hatte.

So sprachen wir auch über die Körpergröße und die Rolle, die sie in seinem Leben gespielt hatte. Dr. Wood berichtete, daß er im Laufe seiner einundneunzig Jahre vieles gerade wegen seiner Größe gelernt hatte. Als Kind und junger Erwachsener hatte er, weil er klein war, unter Minderwertigkeitsgefühlen gelitten. Er mußte viel Schmerzliches durchmachen, bevor er sich mit dieser Tatsache in seinem Leben anfreunden konnte.

»Als Junge war das Leben nicht einfach«, erzählte er. »Wenn man nicht kräftig genug war, um Football zu spielen, und die Beine nicht lang genug, um im Wettlauf zu bestehen, konnte man als Junge nicht viel machen, was irgendwie zählte. Ich hatte einfach das Gefühl, zu klein zu sein zu allem. Erst als ich im Ersten Weltkrieg bei der Marine war, habe ich gelernt, mit meiner Größe zurechtzukommen.

Damals habe ich sehr gelitten, denn einer in der Truppe, ein großer, kräftiger Bursche von fast neunzig Kilo, nannte mich andauernd ›kleine Krabbe‹. Damals habe ich es natürlich nicht begriffen, aber dieser Bursche hat mir etwas Wichtiges beigebracht.«

Dr. Wood erklärte, daß dies beileibe nicht das erste Mal gewesen sei, daß einer ihn »kleine Krabbe« genannt hatte, aber es schmerzte ihn trotzdem ganz besonders. Er war sehr wütend auf den Mann, der ihn so nannte, doch er versuchte, seine Wut und seinen Schmerz loszulassen. Plötzlich, so gestand er, habe er begriffen, daß er seinen Körper nicht ändern könne. Aber er wußte auch, daß er mehr war als nur sein Körper und daß es Dinge gab, die er tun konnte, die das Leben lebenswert machen würden.

Dr. Wood erzählte weiter: »*Bewußt* habe ich darüber nicht nachgedacht, aber ich begriff irgendwie, daß die Erfahrung mich nicht mehr losließ. Ich erkannte, daß es nicht die Größe eines Menschen ist, auf die es ankommt, sondern die Fürsorge und die Liebe, die man gibt. Diese Erfahrung führte dazu, daß ich ernsthafter über das Leben und meinen Beitrag zum Leben nachdachte.«

Während ich diesen gütigen Mann betrachtete, der das Leben seiner Mitmenschen bereichert hatte, mußte ich an meine eigene Kindheit und Jugend denken. Damals glaubte ich, und viele andere teilten diese Meinung, man müsse groß und kräftig sein, stark und unverblümt, wenn man etwas bewirken und die Welt verändern wollte.

Wie Dr. Wood war auch ich mir schmerzlich dessen bewußt, daß die Welt, in der ich lebte, die Menschen nach ihrer Größe und Kraft beurteilte. Da ich der Jüngste in der Familie war, hatten meine Eltern mich immer »das Baby« genannt. Ich mochte das gar nicht, und ich erinnere mich, wie sehr ich mir wünschte, so groß oder gar noch größer zu sein als meine beiden Brüder.

Zu meiner Zeit gab es keine Rambos, aber in vielen Zeitschriften war ein Mann namens Charles Atlas abgebildet. Er war ein richtiger Muskelprotz. In den Anzeigen der Zeitschriften war davon die Rede, daß jeder Leser so werden könne wie Charles Atlas, wenn er nur das entsprechende Fitneßprogramm befolgte.

Was letztendlich die heranwachsenden Jungen dazu antrieb, sich das Programm schicken zu lassen, war das Versprechen, daß sich jedes Mädchen am Strand nach ihnen umdrehen würde. In der Anzeige war auf der einen Seite ein dünner, unglücklicher kleiner Kerl zu sehen, der ganz allein am Strand saß, und auf der anderen Seite ein junger Muskelprotz, der von jungen, hübschen Mädchen umringt wurde.

Ich erinnerte mich, daß auch ich auf diese Anzeige hereinfiel. Ich schickte das Geld ein, und eine Zeitlang befolgte ich die Fitneßübungen ganz genau. Aber trotzdem sah ich nie so aus wie Charles Atlas und blieb der einsame, dünne kleine Kerl ohne Freundinnen, der sogar selbst vergeblich versuchte, seine kaum sichtbaren Muskeln zu entdecken. Im Gegensatz zu Dr. Wood war ich lange Zeit davon überzeugt, daß meine Körpergröße meinen Beitrag zur Welt unglaublich beschränkte.

Es wurde bald offensichtlich, daß eine der vielen Lektionen, die Dr. Wood lehrte, darin bestand, daß es nicht die Größe der Muskeln ist, die zählt, sondern die Größe des Herzens und das Ausmaß der Liebe, mit der man anderen begegnet.

Dr. Wood führte aus: »Ich habe mich für ein Medizinstudium entschieden, obwohl es in meiner Familie keine Ärzte gab. Mein Ziel war, etwas Gutes damit zu erreichen. Ich wollte etwas Lohnendes im Leben tun, und ich wollte mich auf keinen Fall von der Meinung anderer daran hindern lassen.«

Als ich über das Gespräch nachdachte, erkannte ich, daß

auch ich noch Lehrer wie Dr. Wood brauchte, weil ich allzuoft glaubte, daß ich so bin, wie andere mich sehen. Es fällt mir immer wieder schwer, mich in meinem Selbstwertgefühl von der Meinung anderer freizumachen.

Allzuoft habe ich das Gefühl, daß mein Selbstwert von der Anzahl meiner Fachpublikationen abhängt oder von meinem Status innerhalb eines Ärzteteams oder von einem Titel wie »Doktor« oder »Professor«. An jenem Tag machte mir Dr. Wood wieder einmal bewußt, daß was und wer wir sind, nicht davon abhängt, was andere denken, sondern allein von unseren eigenen Werten und Gedanken über uns selbst. Er erinnerte mich ebenfalls daran, daß wir Demut erlernen, wenn wir in unserem Innern wissen, wer wir sind, und deshalb keine Anerkennung und Bestätigung der anderen mehr brauchen.

In unserer heutigen Welt ist es nicht leicht, Demut zu erlernen. Dr. Woods Demut erinnerte mich an die Zeit, als mein Sohn Lee und ich Mutter Teresa auf einer Vortragsreise in Indien begleiten durften. Lee hatte damals gerade seinen Doktor in Psychologie gemacht und wollte Mutter Teresa in diesem Zusammenhang eine ganz wichtige Frage stellen. Die Frage lautete: »Welches sind Ihrer Meinung nach die wichtigsten Eigenschaften, die ein Mensch haben muß, um anderen zu helfen und sie zu heilen?«

Mutter Teresa antwortete schnell und einfach: »Demut und Bescheidenheit.« Diese Antwort traf mich bis ins Mark. Ich dachte sofort an Lees Ausbildung wie auch an meine. Die beiden Eigenschaften, die Mutter Teresa genannt hatte, werden an den Schulen und Universitäten, an denen Menschen in den Heilberufen ausgebildet werden, kaum jemals erwähnt.

Als ich an jenem Nachmittag mit Dr. Wood in seinem Haus saß und redete, fiel mir auf, wie warm und sauber alles wirkte. Alles schien in der Tat sehr alt. Das, was auf mich den größten Eindruck machte, war allerdings die allumfassende

Liebe, die das Haus zu erfüllen schien. Es gab keinen Zweifel daran, daß ich mich in einem Haus aufhielt, in dem grenzenlose Liebe erfahren worden war, und sie war in jedem Raum, den ich betrat, fast greifbar nahe.

Ich hatte das Gefühl, daß Dr. Woods innere Erfüllung und Zufriedenheit nicht durch das Lob anderer entstanden waren oder weil er ein berühmter Autor vieler Bücher war. Er hatte vielmehr sein Herz weit aufgemacht und gegeben, ohne etwas dafür zu verlangen. Ich konnte nicht umhin, über mein eigenes Leben und das vieler meiner Kollegen nachzudenken. Dabei erkannte ich, wie viele von uns nach Leistung und Anerkennung streben und wie wir andere ermächtigen, über unseren Wert als Individuen zu entscheiden. Selbst wenn wir geben, hat es oft den Anschein, als verstrickten wir uns in »das Geben, weil wir etwas zurückbekommen wollen«, weil wir insgeheim erwarten und hoffen, daß wir belohnt werden.

Als ich Dr. Wood nach der Stiftung fragte, die er und seine Frau anonym ins Leben gerufen hatten, antwortete er: »Wir haben das Geld zur Verfügung gestellt, weil wir wußten, daß viele junge Menschen während ihres Studiums finanzielle Hilfe brauchen, und ich war der Meinung, daß sie sich nicht verpflichtet fühlen sollten, daß sie es einfach nehmen und für ihre Ausbildung verwenden sollten.« Er meinte weiter, daß vielleicht die Erfahrung, etwas erhalten zu haben, die Empfänger des Geldes zu einem späteren Zeitpunkt im Leben motivieren würde, selbst die Freude des Gebens erfahren zu wollen.

Da ich mehr über Dr. Woods innere Einstellung und seine Motive erfahren wollte, die dazu geführt hatten, daß er auch die örtliche Bibliothek finanziell unterstützte, fragte ich: »Warum haben Sie sich dazu entschlossen, Geld zum Bau der Bibliothek zur Verfügung zu stellen?«

Er dachte eine geraume Zeit nach und antwortete dann in ganz einfachen Worten: »Die Menschen haben Freude daran.

Heute war ich in der Bank, als mich eine der Angestellten dort ansprach und sagte: ›Wissen Sie, wir haben uns über unsere kleine Stadt unterhalten und sind dabei auch auf das zu sprechen gekommen, was sie unseren Kindern so bietet. Mein Junge geht nach der Schule furchtbar gerne in die Bücherei hinüber, und nach der Arbeit hole ich ihn dort ab, und dann gehen wir zusammen nach Hause. Mein Schwager, der als Kind Kinderlähmung hatte und an den Rollstuhl gefesselt ist, kommt ohne fremde Hilfe in die Bücherei.‹ Ich glaube deshalb, daß die Bibliothek viel für unser Gemeinschaftsleben getan hat.«

Als ich ihn später fragte, ob er abschätzen könne, bei wie vielen Kindern er in all den Jahren Geburtshelfer war, antwortete er: »Ich würde sagen, es sind grobgeschätzt so an die zweitausend. Zehn Jahre lang waren es wahrscheinlich um die einhundert pro Jahr, und einmal habe ich innerhalb von vierundzwanzig Stunden vier Kinder geholt.«

Obwohl er so viele Kinder entbunden hatte, und dies im Laufe von sechzig Jahren, erzählte man sich, daß er sich nur das Bild eines Menschen anzusehen brauchte, um sagen zu können: »Ach, den kenne ich!« und dann wirklich etwas von diesem Menschen zu berichten wußte. Es schien, als fühle er sich allen Menschen verbunden, die er in seinem langen Arztleben irgendwann einmal berührt hatte.

Ich erzählte ihm von diesem Gerücht und fragte ihn, ob wirklich etwas Wahres daran sei. War er wirklich in der Lage, sich das Bild eines Menschen anzusehen und etwas über diesen Menschen zu erzählen, selbst wenn das Bild Jahre nach der letzten Behandlung gemacht worden war?

»Die Leute übertreiben natürlich immer ein bißchen«, antwortete er. »Aber es stimmt, viele erkenne ich wieder.«

Irgendwann kamen wir auf die große Geburtstagsfeier zu sprechen, die man für ihn ausgerichtet hatte. Mit einem strahlenden Lächeln, das den ganzen Raum, in dem wir saßen, in ein wunderbares Licht zu tauchen schien, fing er an zu erzählen. »Es waren Leute aus Oregon, Washington, Colorado, Arizona, vom Osten und aus dem Süden da. Ich glaube, sie kamen von überall her.«

»Es muß ein ergreifendes Gefühl gewesen sein zu wissen, daß Sie von so vielen Menschen geliebt werden«, meinte ich und dachte dabei daran, wie weit manche von ihnen gereist waren, wie viele von ihnen ihre Arbeit und Familie zu Hause gelassen hatten, nur um etwas zu geben und bei einer ihrer Meinung nach wichtigen Feier zugegen zu sein.

»Ja, das war es«, antwortete er. »Dem kann man sich nicht entziehen. Sie kamen einfach alle, um mir zu gratulieren. Es war das Schönste, was man sich überhaupt wünschen kann.«

Ich fragte mich, ob es etwas Wichtigeres und Schöneres geben kann, als einem Mann zu danken, der sein Leben dem Dienst an der Menschheit gewidmet hat.

Ich hielt einen Moment lang inne und dachte darüber nach, daß irgendwann jeder von uns Menschen gehabt hat, die ihn auf seinem Weg geliebt und unterstützt haben. Wie schön wäre es doch, dachte ich weiter, wenn wir diesen Menschen hin und wieder ein Wort der Zuneigung und des Dankes zukommen und sie wissen ließen, wie viel sie in unserem Leben bewirkt haben. Auch wenn wir uns schlecht fühlen, würde dies doch ein Lächeln auf unser Gesicht zaubern und mit Sicherheit auf das Gesicht der Menschen, denen wir danken.

Ich bat Dr. Wood, mir mehr über sein Leben zu erzählen, vor allem über seine Jugend und ihre Bedeutung für sein späteres Leben. Ich wollte wissen, welche Einflüsse eine solche Offenheit und Großzügigkeit in diesem Mann bewirkt hatten.

»Die ersten zwölf Jahre«, begann er, »verbrachte ich auf einer Ranch in North Dakota. Dort war nicht viel los. Ein- oder zweimal im Jahr fuhren wir in die Stadt, einige wenige

Male vielleicht auch öfters. Wir besuchten eine Landschule, ich glaube, es waren insgesamt fünf oder sechs Jahre. Aber meine allererste Lehrerin war meine Mutter.

Im Jahr 1908 zogen wir nach Kalifornien. Dort ging ich dann zur High-School. Meine Eltern waren Farmer, sie bauten Getreide an und züchteten Schafe. Wir führten ein einfaches Leben, ja, ich würde meine Kindheit in erster Linie als einfach bezeichnen.«

Während er erzählte, wurde mir klar, daß seine Mutter eine wichtige Rolle in seinem Leben gespielt und ihn stets ermutigt hatte, seine Ziele zu verfolgen. Ich bat ihn, mir mehr von ihr zu erzählen und über die Rolle seiner Eltern in seinem Leben.

»Sie war eine gebildete Frau«, begann Dr. Wood, »sehr viel gebildeter als mein Vater. Meist war sie es, die uns unterrichtete. Aber mein Vater las sehr viel, und er konnte über jede Person, über die er in einem Buch gelesen hatte, etwas erzählen... Bücher von Shakespeare und anderen... man kann sagen, daß er das Beste aus seiner Freude am Lesen gemacht hat.«

Da Dr. Wood in einer sehr abgelegenen Gegend aufgewachsen ist, die meilenweit von der nächsten größeren Stadt entfernt war, hatte er auch nie einen Religionsunterricht besucht. Trotzdem ließ sein Leben, in dem es soviel Fürsorge und Liebe für andere gegeben hatte, darauf schließen, daß er ein spirituell veranlagter Mensch war. Ich fragte ihn danach.

Zunächst reagierte er eher zurückhaltend auf die Frage, indem er erklärte: »Ich habe andere Ansichten als andere, und ich weiß nicht recht...«, aber dann nicht weitersprach. Es schien, als suche er nach den richtigen Worten, die anderen Menschen, die über ihn lesen, zugute kommen würden. Endlich fuhr er fort: »Ich glaube, daß das Gebet eines der wichtigsten Dinge im Leben überhaupt ist, weil es etwas ganz Wichtiges für den Betenden bewirkt. Durch das Gebet denkt man über Dinge nach und geht sie in Gedanken noch einmal durch. Das Gebet vermittelt eine bessere Einsicht.«

»Können Sie das noch etwas näher erklären? Ich muß Ihnen sagen, daß ich mein ganzes Leben lang Atheist gewesen bin«, gestand ich. »Erst 1975 habe ich mich Gott zugewandt, und deshalb interessiert mich sehr, was Sie dazu meinen.«

Dr. Wood antwortete: »Ich glaube nicht an die Hölle und die Verdammnis und dieses ganze Zeug. Ich glaube vielmehr... daß ich meinen kleinen Beitrag leisten muß und damit die Welt vielleicht zu einer besseren Welt mache. Und wenn ich etwas tun kann, damit die Welt besser wird, dann liegt darin die Antwort. Ich glaube, man muß Taten sprechen lassen und nicht nur Worte.«

Damit hatte Dr. Wood meiner Meinung nach in kurzen Worten das gesagt, wozu andere ganze Bücher brauchen. Dr. Wood bestätigte meine eigene Ansicht, daß man sehr wohl unterscheiden muß zwischen dem Bekenntnis und der Umsetzung religiöser Überzeugungen im täglichen Leben. Für mich ist er das beste Beispiel eines Mannes, dessen Taten lauter sprechen als seine Worte. Er machte nicht viel Worte, aber er hat viel getan, um die Welt zu einem besseren Ort zu machen.

Dr. Wood war nie ein Mensch, der die Welt verändern wollte, indem er anderen etwas aufgezwungen hat. Er gehörte auch nicht zu den Menschen, die anderen eine sogenannte »falsche Denkweise« vorwarfen. Für mich war er ein Mann, der wußte, daß die besten Lehrer auch immer Schüler sind, die von jedem Menschen, dem sie begegnen, lernen.

Was mich wirklich tief berührte, war, daß er im Laufe seines ganzen Lebens auf seine eigene begrenzte Art und Weise immer sein Bestes gegeben hat, um durch ein Leben der Liebe, der Fürsorge und der Vorurteilslosigkeit ein Vorbild abzugeben. Indem er mit seiner eigenen Freude, Ruhe und seiner Liebe zum Leben mit gutem Beispiel vorangegangen ist, hat er deutlich gemacht, was ein einfaches, dem Dienst am anderen gewidmetes Leben ist. Während wir uns unterhielten, wurde mir bewußt, was der Grundpfeiler war, auf den sich Dr. Wood stützte: Er begann jeden Tag mit einem Zwiegespräch und Gebet mit Gott.

»Viele Menschen werden Arzt, weil sie anderen Menschen helfen wollen«, meinte ich. »Gleichzeitig wollen sie natürlich auch viel Geld verdienen. Aber Ihnen, so scheint mir, war Geld nie so wichtig wie die Sorge um und die Liebe zu Ihren Patienten, gerade so, als gehörten sie zu Ihrer Familie.«

»Ja, da haben Sie recht, ich liebe sie und ich sorge mich um sie«, antwortete er. »Ich glaube, daß es auf die Persönlichkeit ankommt. Auf keinen Fall auf die Klugheit, denn ich war ganz und gar nicht klug, aber ich habe sehr hart gearbeitet. Und ich habe mich um jeden einzelnen Patienten bemüht und bin auf ihn eingegangen.«

Während er sprach, mußte ich an die vielen, vielen Ärzte denken, die ich kannte, die sich auf irgendein Gebiet spezialisiert hatten; es handelte sich um Männer und Frauen, die ausgezeichnete Wissenschaftler waren und auf ihrem Gebiet sehr viel Ruhm geerntet hatten. Aber ich kannte nur wenige, die in der Lage waren, die Fürsorge und Liebe zu vermitteln, die so wichtig für Dr. Wood waren.

Es schien mir, als wäre Dr. Wood ebenfalls Spezialist, und zwar auf dem Gebiet der zwischenmenschlichen Kommunikation. Er war Spezialist für Liebe und Fürsorge, denn er kommunizierte mit seinen Patienten von Herz zu Herz. Ich war sicher, daß sich in Dr. Woods Praxis keiner wie ein Fall oder eine Nummer vorkam, sondern vielmehr wie ein Freund oder ein Familienangehöriger. Dr. Wood war vielleicht kein berühmter Wissenschaftler, aber er wurde zu einem außergewöhnlichen Experten in Sachen Fürsorge und Liebe. Wie oft vergessen wir, wenn wir versuchen, einem anderen Menschen zu helfen, daß die Liebe die mächtigste Heilkraft überhaupt ist!

»Wodurch, glauben Sie, waren Sie in der Lage, bei so vielen Menschen einen derart positiven Eindruck zu hinterlassen? Woher haben Sie die Gabe, die Herzen anderer Menschen zu rühren?« fragte ich Dr. Wood.

»Ich glaube, daß es daran liegt, daß man jedem Menschen, dem man begegnet, das Gefühl gibt, daß er wichtig ist. Wie oder wodurch man das erreicht, weiß ich nicht. Aber das halte ich für ganz entscheidend, ganz zweifellos sogar. Es sind Freunde und Bekannte gekommen, die jetzt in den Sechzigern und Siebzigern sind, die ich als Teenager zum letzten Mal gesehen habe. Und zweifellos bedeuten sie mir immer noch etwas, und ich bedeute ihnen etwas.«

Dr. Wood entsann sich eines Banketts anläßlich des Gründungstages der Medizinischen Fakultät der Universität von San Francisco, in dessen Verlauf er für sein Lebenswerk ausgezeichnet wurde. Nachdem er die Auszeichnung entgegengenommen hatte, bedankte er sich mit einer kurzen Rede. In seiner Rede, so erzählte er, habe er gesagt, daß wir unsere Kinder lehren müssen, die Welt zu einem besseren Ort zu machen. Wir müssen Wahrheit, Ehrlichkeit, Rücksicht, Toleranz und Demut lehren und vor allen Dingen: Behandle andere so, wie du gern behandelt werden möchtest.

In wenigen Sekunden hatte Dr. Wood ein Lebensrezept gegeben, das anwendbar, einfach und für jedermann verständlich war. Und er hat nicht nur davon gesprochen, sondern er lebt es vor. Die große Frage ist natürlich, warum es, wenn diese Prinzipien so einfach und anwendbar sind, oftmals für mich und viele andere so schwer ist, sie in die Tat umzusetzen.

Ich bin der Meinung, daß es teilweise daran liegt, daß unser Verstand verwirrt ist. Allzuoft versuchen wir uns selbst davon zu überzeugen, daß das, was einfach ist, einfach nicht funktionieren kann.

Ich unterhielt mich mit Dr. Wood über die verschiedensten

Themen. Dieser einundneunzigjährige Mann, der nie aufgehört hatte, die Menschen zu lieben und sich um sie zu sorgen, beeindruckte mich tief. Obwohl er nicht mehr praktizierte, informierte er sich über alles Neue, was es in der Medizin gab, wie über alle sozialen Belange unserer heutigen Welt.

Weil mein Interesse schon seit langem der Krankheit AIDS gilt, fragte ich Dr. Wood nach dieser schrecklichen Krankheit, die das Leben von Tausenden von Menschen in unserer Gesellschaft verändert hat.

Er erklärte, daß er großen Respekt habe vor der Gesundheit und den Rechten eines jeden Individuums. Die Krankheit, über die er, wie sich herausstellte, bestens informiert war, bereitete ihm große Sorgen. Unter anderem galt seine Sorge den möglicherweise irgendwann am Arbeitsplatz und von den Gesundheitsämtern vorgeschriebenen AIDStests, denn er hielt einen obligatorischen Test für einen ungerechtfertigten Eingriff in die Privatsphäre. Im Laufe des Gesprächs war ich immer wieder verblüfft darüber, wie gut er sich in den medizinischen Fragen unserer heutigen Zeit auskannte.

Irgendwann kamen wir auch auf die Politik zu sprechen. Wir hatten Wahljahr, und Dr. Wood sprach ausführlich über die Präsidentschaftskandidaten und darüber, wie ihre Politik sich auf unser Land und auf die Rechte eines jeden von uns auswirken werde. Wir sprachen über unsere sozialen Einrichtungen, den Verteidigungshaushalt und die Abrüstung. In allen seinen Ansichten waren seine Liebe und seine Sorge um den Menschen und sein Glaube zu erkennen, daß jeder von uns seinen Beitrag leisten kann, damit die Welt eine bessere Welt wird.

»Wenn hier in Ihrem Wohnzimmer eine Schar Kinder versammelt wäre, welchen Ratschlag würden Sie ihnen geben wollen?« fragte ich ihn.

Er überlegte einen Moment lang und antwortete dann: »Ich glaube, ich würde sagen: ›Liebet euren Nächsten. Seid gut zu den anderen, damit die anderen gut zu euch sind. Und versucht auch ihr, die Welt in eine bessere Welt zu verwandeln.‹ Außerdem würde ich ihnen raten, ein möglichst natürliches Leben zu führen, sich an der Arbeit zu freuen, sich am Spiel zu freuen. Sich an der Gesundheit zu erfreuen, indem sie gut zu sich selbst sind und auf sich achtgeben.«

Damit hatte Dr. Wood etwas angesprochen, was so vielen von uns nützen könnte. Es gibt immer noch viele Menschen, und ich schließe mich da nicht aus, die irgendwann zu Workaholics geworden sind und darüber das Spiel vergessen haben. Wir haben uns der mühsamen Arbeit verschrieben anstatt der Freude am Leben. Wir haben das Leben zu ernst genommen und die spielerische Seite vernachlässigt, ebenso wie das Lachen und das Kichern, das ebenfalls einen wichtigen Teil unseres Lebens ausmacht.

Dr. Wood sprach davon, wie wichtig es ist, die Freude am Leben nicht zu vergessen, sich den Optimismus zu bewahren, positiv zu denken, und zwar trotz allem, was passiert.

Darauf bezugnehmend, fragte ich Dr. Wood: »Wie schafft man es, die Freude am Leben nicht zu verlieren, wenn um einen herum nichts als Leid und Trauer ist?«

»Ich bin der Meinung, daß man natürlich hinschauen muß, daß man sich aber, wenn man dadurch deprimiert wird, fragen muß, ob die Depression irgendwie oder irgendwem nützt. Zuerst fühlt man sich allein deprimiert und traurig, aber schon bald fühlen sich auch die anderen um einen herum genauso schlecht. Die Frage ist also, ob man damit etwas erreicht oder sich in irgendeiner Weise besser fühlt. Ich glaube, daß man im Leben das machen muß, was man machen kann, um zu sehen, daß es auch angenehme Dinge im Leben gibt.«

In Gegenwart dieses Mannes, der so vielen, vielen Patienten und Freunden im Laufe der Jahre so viel gegeben hatte, war es schwer, sich vorzustellen, daß er möglicherweise

Feinde haben könnte. »Hegen Sie einen Groll gegen irgend jemanden?« fragte ich.

Er antwortete schnell und entschieden: »Ich hege gegen keinen Menschen einen Groll.«

»Sie haben in Ihrem Leben stets die Menschen geliebt, aber auch die Tiere und Pflanzen und die Natur, einfach alle Gaben Gottes. Es ist ganz offensichtlich, daß es für Sie immer wichtig gewesen ist, das Einssein des Menschen mit dem Leben aufzuzeigen. Hat die Religion Sie dabei entscheidend beeinflußt?«

»Ich würde sagen, daß sie sicherlich eine Rolle gespielt hat. Ja, sie beeinflußt gewiß meine Einstellung zu den Menschen und meine Sicht von der Welt.«

Als nächstes fragte ich ihn, welchen Rat er den heutigen Eltern geben würde.

»Nun«, sagte er, »ich glaube, daß man streng sein sollte, aber daß man die Kinder spüren lassen muß, daß sie ein wichtiger Teil der Familie sind, daß man ihnen zuhören und ein offenes Ohr für ihre Sorgen und Probleme haben muß. Das ist wahrscheinlich der beste Rat, den ich geben kann.«

Er hielt einen Moment inne, bevor er weitersprach. »Der andere Rat ist, daß man ihnen ein Vorbild sein muß.«

Ich meinte, daß viele Ärzte ihre Arbeit vor ihre Familie stellten und daß dies oft zum Problem würde. Dr. Wood erklärte daraufhin, daß auch seine Arbeit immer an erster Stelle stand und daß seine Frau nie etwas dagegen gehabt habe. Immer wenn das Telefon klingelte und ein Patient am Apparat war, wurde er von seiner Frau darin bestätigt zu helfen.

Er beschrieb eine Beziehung, in der er und seine Frau sich darin einig waren, daß die liebende Sorge um das Wohl seiner Patienten an erster Stelle stand. Ich hatte das Gefühl, daß seine Frau, obwohl sie keine medizinische Ausbildung besaß, ihm sicherlich eine unerläßliche Stütze war.

»Welchen Rat würden Sie den Menschen geben, deren Beruf, sei es der ärztliche oder ein anderer, vor ihren Familien kommt, auch wenn ihr Partner nicht damit einverstanden ist?« fragte ich.

»Ich glaube, in diesem Falle sollte man versuchen, den goldenen Mittelweg zu finden. Wenn man Kinder haben will, sollte man sich darauf einstellen, der Familie möglichst viel Zeit zu widmen. Nur so kann man eine gute Ehe führen. Aber ich glaube, daß dies ganz besonders schwierig ist, wenn man Arzt ist.«

Dr. Wood und seine Frau hatten nie eigene Kinder. Ich fragte ihn, ob er dies niemals bereut habe. Seine Antwort überraschte mich.

»Ich glaube, wenn man an die Kinder denkt, dann war es besser, daß wir keine hatten.«

»Sagen Sie das deshalb, weil sie oft von zu Hause weg waren?« fragte ich.

»Nein, ich sage das deshalb, weil ich nicht sicher bin, ob sie unter den bestmöglichen Umständen großgeworden wären. Vor fünfzig Jahren war ich ziemlich leicht aus der Fassung zu bringen, und manchmal war ich sogar depressiv, vor allen Dingen dann, wenn etwas nicht so lief, wie ich es gern gehabt hätte.

Als ich anfing zu arbeiten beispielsweise, da hat es vier oder fünf Jahre gedauert, bis ich genügend Patienten hatte, und das hat mich deprimiert. In den letzten dreißig Jahren dann habe ich alles versucht, um anderen Menschen zu helfen. Ich habe aufgehört, mich ständig zu vergleichen und zu bewerten, und dann haben die meisten Leute gesagt, ich besäße eine fröhliche Veranlagung. Jetzt bin ich ziemlich ausgeglichen. Aber das ist jetzt, ich habe mich verändert.«

Während wir miteinander redeten, kam mir der Gedanke, daß es für einen Mann, der so in seinem Arztberuf aufgegangen ist, schwierig sein mußte, nicht mehr zu praktizieren und keine Verpflichtungen gegenüber seinen Patienten mehr zu haben. »Wie leben Sie heute?« fragte ich ihn.

»Ach, wissen Sie, ich bin immer noch ziemlich beschäftigt. Ich lese viel. Ich gehe ziemlich viel spazieren, so an die drei Stunden jeden Tag. Ich höre mir medizinische Vorträge an. Und seit ich nicht mehr praktiziere, messe ich alle zwei Monate an den alten Leuten den Blutdruck. Außerdem bin ich mehrmals die Woche auf dem Golfplatz, um mein Spiel zu verbessern. Und ab und zu sehe ich natürlich auch fern. Das sind, so würde ich sagen, meine Haupttätigkeiten.«

Bevor ich mich verabschiedete, fragte ich Dr. Wood, ob er gerne abschließend noch etwas sagen wollte. Mit seiner Antwort, so glaube ich, brachte er noch einmal alles Gesagte auf einen kurzen Nenner. »Seid gut zu anderen, damit sie auch gut zu euch sind.«

Nachwort – Nachdem ich mich verabschiedet hatte und in meinem Auto nach Hause fuhr, dachte ich an die vielen Menschen, denen Dr. Wood und seine Frau im Laufe der sechzig Jahre im Dienste der Allgemeinheit geholfen hatten. Sie hatten sowohl Geld als auch Zeit zur Verfügung gestellt, um ihre kleine Welt und das Leben der Menschen, die darin lebten, ein wenig zum Guten zu verändern. Aber sie hatten noch etwas Wertvolleres gegeben, nämlich ihre Fürsorge und ihre Liebe. Sie hatten die Welt zu einer besseren Welt gemacht, und alles, was sie von ganzem Herzen gegeben hatten, kam ihren Mitmenschen auf die eine oder andere Weise zugute.

Dr. Wood war von einer Klarheit und Einfachheit umgeben, die mich daran erinnerte, daß die Liebe, wenn sie aus dem Herzen kommt und bedingungslos und ohne Erwartungen und Forderungen ist, ewig dauert und niemals stirbt.

Durch ihr Geben und ihre Fürsorge haben Dr. Wood und seine Frau die Herzen von Tausenden von Menschen berührt und auf beispielhafte Weise gezeigt, daß jeder von uns, ungeachtet seines Berufes oder sozialen Status, etwas bewirken kann. Während ich darüber nachsann, kamen mir wieder Dr. Woods Worte in den Sinn.

»Ich mußte meinen kleinen Beitrag leisten, und vielleicht wird die Welt damit zu einer besseren Welt. Und wenn ich etwas tun kann, damit die Welt besser wird, dann liegt darin die Antwort. Ich glaube, man muß Taten sprechen lassen und nicht nur Worte.«

Während ich über diese Worte nachdenke, nach denen Dr. Wood sein Leben gelebt hat, spüre ich, daß sie für mich eine Inspiration sind. Ich hoffe, daß sie auch Ihnen eine Inspiration sind.

Kapitel 8

Fanny Ray

*Wir müssen lernen,
allen Dingen im Leben mit Liebe, Achtung
und Offenheit zu begegnen.*

In unserer heutigen Gesellschaft sind Großmütter oftmals die heimlichen Heldinnen und die Engel der Barmherzigkeit. Fanny Ray ist dafür ein wunderbares Beispiel. Sie ist einundsiebzig Jahre alt und ein wahrer Hoffnungsanker in einer Welt voller Chaos, Hoffnungslosigkeit und Dunkelheit.

Während ich mit Fanny sprach und von ihrer Arbeit und ihrem Engagement erfuhr, wurde ich wieder daran erinnert, daß jeder von uns etwas in dieser Welt bewirken kann, wenn er seine Aufmerksamkeit auf die Bedürfnisse seiner Umgebung und seiner Familie richtet. Ihre Geschichte lehrt uns auch, daß das Alter nicht nur eine Zeit des Ausruhens und Umsorgtwerdens ist. Von ihr lernen wir, daß es jederzeit möglich ist, in der Gegenwart zu leben, und daß das Alter oder der Mangel an Energie uns nicht notwendigerweise davon abhalten müssen, anderen zu helfen, wenn wir ihren Hilferuf hören.

Dies ist die Geschichte einer Frau unter vielen, die uns zeigt, daß Großmütter wirklich etwas bewirken und verändern können. Die Geschichte erinnert uns auf sanfte Weise daran, daß es viele Fanny Rays in unserer Mitte gibt, die uns ganz unauffällig den Weg der bedingungslosen Liebe zeigen und deshalb unsere Anerkennung, Unterstützung und Liebe verdienen.

Fanny ist schwarz und wohnt mitten in Harlem in New York City. Geboren ist sie in New Orleans. »Als meine Eltern starben, war ich noch nicht einmal zwanzig«, erzählte sie mir. »Ich war Model und wollte zur Bühne. 1943 hörte ich aber auf mit dem Showbusineß und heiratete. Mein Mann starb 1965. Mein Leben war nicht einfach, aber irgendwie habe ich es gemeistert.«

Fanny Ray ist einzigartig, aber genausogut könnte sie einfach eine der unzähligen alten Frauen irgendwo auf der Welt sein. Sie hat sich entschlossen, ihre Enkel großzuziehen, weil ihre Tochter, die sich in einem Drogenrehabilitationszentrum aufhält, nicht in der Lage ist, ihren Kindern die Liebe und Fürsorge zu geben, die sie brauchen.

Die Zahl der Drogenabhängigen unter alleinerziehenden Eltern wächst in unserem Land beständig, vor allen Dingen in solchen Gegenden, in denen viele unterhalb der Armutsgrenze leben. Es ist ein leichtes, die Hoffnung und den Glauben zu verlieren. Zusammen mit der steigenden Anzahl alleinerziehender Eltern ist auch der Konsum von Straßendrogen gestiegen. Weil viele alleinerziehende Eltern schon rauschgiftabhängig waren, bevor sie Eltern wurden, sind die Kinder den Drogen schon im Mutterleib und danach als Säuglinge und Kleinkinder ausgesetzt. Während soziale Einrichtungen verzweifelt nach Lösungen für das oftmals verdrängte Problem in unserer Gesellschaft suchen, sind es die Großmütter wie Fanny Ray, die mit ihrer Fürsorge und bedingungslosen Liebe für die Kinder unmittelbar eingreifen.

Das geschilderte Problem macht heutzutage leider vor keinem Land halt. Vor kurzem besuchte ich Zentral- und Südamerika, wo die Anzahl der auf der Straße lebenden Kinder alarmierend schnell steigt. Viele dieser Kinder wurden zuerst von ihren Vätern und später von ihren Müttern verlassen. Es gäbe sicherlich noch mehr Straßenkinder, würden nicht viele Großmütter einspringen.

Als ich Fanny fragte, ob sie bereit wäre, mir etwas über den Kampf ihrer Tochter mit den Drogen zu erzählen, meinte sie: »Sie nimmt seit ungefähr zehn, fünfzehn Jahren regelmäßig Drogen, und ich kümmere mich seit 1984 um die Kinder. Als ich herausfand, daß meine Tochter drogenabhängig ist, habe ich dafür gesorgt, daß sie mit Reverend Allen Kontakt aufnimmt. Er leitet eine Hilfsorgansiation für Drogenabhängige in der Park Avenue. Dort hat er ein Haus, in dem er alle möglichen Drogenabhängigen aufnimmt. Er hilft ihnen, wieder clean zu werden. Sie bleiben dort so lange, bis sie drogenfrei wieder auf eigenen Beinen stehen können.

Er hilft ihnen auch bei der Jobsuche. Ich finde, daß seine Arbeit einfach großartig ist. Meine Tochter war auch dort, mehrmals sogar. Eines der Probleme mit Drogensüchtigen ist das, daß sie ihre Kinder vollkommen vergessen.

Sowie ich wußte, daß meine Tochter drogenabhängig ist, wußte ich auch, daß ich mich um die Kinder kümmern mußte. Die Kinder haben's schwer gehabt. Sie waren in Heimen, und das hat mir gar nicht gefallen. Aber um sie zu bekommen, mußte ich erst Himmel und Hölle in Bewegung setzen. Das große Problem jetzt ist Geld. Ich bekomme nur 400 Dollar im Monat für die drei Jungs, und mit der Miete, dem Essen, dem Telefon und so weiter bleibt kaum noch was übrig. Aber irgendwie geht's doch immer.«

»Ist Ihre Tochter immer noch abhängig?« fragte ich.

»Nein, sie ist seit fast einem Jahr clean, aber sie kämpft immer noch. Sie hat immer noch Bewährungsfrist, und außerdem geht sie immer noch regelmäßig ins Rehabilitationszentrum.«

Ich erfuhr, daß Fannys Fürsorge sich jedoch nicht nur auf ihre Enkel beschränkte. Tatsache ist, daß ihre Arbeit in der Gemeinde so sehr geschätzt wird, daß sie sogar darüber hinaus bekannt wurde. Vor kurzem wurde sie von der Stadt New York zur Frau des Jahres erklärt.

»Ich wurde von der *NAACP* als Frau des Jahres vorgeschlagen aufgrund meiner Arbeit für die Gemeinde. Ich bin jetzt einundsiebzig, und ich habe immer noch viel Energie, vorausgesetzt mein Herz spielt nicht gerade verrückt. Ich habe die Auszeichnung bekommen, weil meine Arbeit mit Kindern und Eltern anerkannt wird«, berichtete sie.

Ich bat sie, die Arbeit für die Gemeinde etwas näher zu beschreiben.

»Ich arbeite seit fast dreiundzwanzig Jahren für die Schulbehörde«, begann sie. »Ich arbeite beim Drogenvorbeugungsprogramm und im Schulbezirk II mit, außerdem auch direkt an der Schule für die Kleinen. Ich wohne in Harlem, wo die Drogenhändler quasi an jeder Ecke stehen. Tagtäglich sehe ich so viele Menschen auf Drogen, die nehmen alle möglichen Drogen, von Heroin bis Crack und was es sonst noch so gibt. Ich arbeite mit den Eltern, gebe ihnen Ratschläge, kläre sie über Drogen auf, und wenn die Lage wirklich schlimm ist, verweise ich sie weiter an städtische oder staatliche Gesundheitsstellen.

Ich habe schon vielen kranken Leuten in der Gegend geholfen und mit vielen Abhängigen gesprochen. Man könnte sagen, ich bin eine Gemeindearbeiterin. Ich arbeite bei der Volkszählung mit und bei Wahlen in den Wahllokalen.

Außerdem gebe ich Tanzunterricht. Meine Klasse hat schon vor dem Bürgermeister und dem Polizeipräsidenten getanzt. Die Kinder und Jugendlichen, mit denen ich arbeite, sind zwischen sieben und achtzehn Jahre alt.

Ich habe schon vielen Kindern geholfen. Wenn sie bei mir mittanzen wollen, müssen sie mir erst ein gutes Zeugnis von der Schule vorlegen. Viele der jungen Damen und Herren, die bei mir waren, haben später studiert. Und andere haben's irgendwann hingeschmissen. Sie wissen ja, wie das ist.«

»Was waren die interessantesten und befriedigendsten Erfahrungen, die Sie bei Ihrer Arbeit gemacht haben?« fragte ich.

»Die Arbeit mit Familien ist beides, interessant und befriedigend, weil sie durch meine Hilfe lernen, richtig und falsch zu unterscheiden. Die Arbeit mit ihnen hat zu vielen Freundschaften geführt, und ich habe sogar einigen das Leben gerettet. Ich erinnere mich beispielsweise an eine Mutter, die ihre Kinder einfach im Stich gelassen hat und nichts mehr mit ihnen zu tun haben wollte. Daraufhin habe ich mit ihr gesprochen und habe ihr gezeigt, daß es auch anders geht. Ich half ihr, eine Arbeit zu finden. Einer Reihe von Familien habe ich geholfen, Sozialhilfe zu bekommen.«

Was Fanny nicht sagte, aber ich wußte es dennoch, war, daß sie mit ihrem großmütterlichen Rat viele Familien vor dem Auseinanderbrechen bewahrt hat. Sie hat es geschafft, daß sich Eltern wieder um ihre Kinder kümmerten und wieder Zeit mit ihnen verbrachten.

Ich bat Fanny, mir mehr über Harlem und das Viertel zu erzählen, in dem sie wohnt.

»Viele sind auf Crack«, antwortete sie. »Es ist wie eine Seuche in unserem Viertel. An jeder Ecke steht ein Dealer. Dinge werden mutwillig zerstört und kaputtgemacht. Aber Drogen gibt's nicht nur in Harlem, die gibt's in ganz Manhattan.«

»Wissen Sie«, fuhr sie fort, »viele Kinder haben gar nicht die Möglichkeit, bei ihren Eltern zu sein, und deshalb bekommen sie auch nicht die Liebe, die sie brauchen. Bei manchen Kindern mußte ich erst dafür sorgen, daß sie regelmäßig zur Schule gehen. Ich habe Kleider für sie organisiert, denn einige hatten nichts, was sie hätten zur Schule anziehen können.«

»Wenn Sie heute vor Viert- oder Fünftkläßlern stünden, was würden Sie ihnen als Rat für ihr Leben mitgeben?« fragte ich.

»Ich würde ihnen sagen, daß die Drogen aus jedem Menschen einen schlechten Menschen machen. Sie sind wie ein böser Geist. Man spielt nicht damit. Man läßt sich von niemandem welche schenken. Ich würde ihnen sagen, daß manche Menschen die Drogen sogar in Keksen verstecken und daß sie deshalb auch keine Kekse annehmen sollen. Ich würde ihnen sagen, daß sie immer nein sagen müssen zu Dingen, die nicht ganz geheuer sind, daß sie sich mit niemandem einlassen dürfen, den sie nicht kennen. Ich würde ihnen sagen, daß sie versuchen sollen, gut zu sein, ihren Eltern zu gehorchen, alte Menschen zu achten und immer auf der Seite Gottes zu stehen. Daß sie jeden Abend beten sollten, versuchen sollten, die anderen zu lieben, anstatt mit ihnen zu kämpfen.

Wenn man nichts Gutes tun kann, dann sollte man lieber gar nichts tun. Daß sie versuchen sollten, miteinander zu spielen, einander zu lieben, denn das ist das Wichtigste im Leben.«

»Was können Sie mir über die Religion in Ihrem Leben sagen?« fragte ich.

»Ich glaube an Gott«, antwortete Fanny. »Ich gehe in die Kirche, aber nicht unbedingt jeden Sonntag. Ich war katholisch, aber inzwischen bin ich Baptistin.«

»Glauben Sie, daß Gott Ihnen bei Ihrer Arbeit hilft?«

»O ja, ganz gewiß«, erwiderte Fanny, »ich wüßte nicht, wo ich ohne ihn wäre. Er hat mir immer Zeichen gegeben, und ohne meinen Schöpfer hätte ich gar nichts erreicht. Ich glaube, daß es einen Gott gibt, denn ich spüre ihn immer, wenn ich bete.

Er hat mir ein langes Leben geschenkt und mir meine Gesundheit gegeben. Mein Herz macht mir ab und zu Sorgen, aber dafür habe ich keine Arthritis. Ich bin zufrieden. Ich erledige viel, und manchmal kann ich gar nicht glauben, daß ich schon einundsiebzig bin. Ich sehe auch nicht aus wie einundsiebzig und fühle mich auch nicht so.«

Als unser Gespräch sich dem Ende näherte, fragte ich sie, wie sie einmal in Erinnerung behalten werden wollte. Sie überlegte einen Moment und antwortete dann: »Ich möchte, daß die Leute sagen, daß ich eine Helferin war, daß ich den Menschen, die in Not waren, geholfen habe. Ich möchte, daß man sich an mein Herz erinnert und daran, daß ich immer versucht habe, mit ganzem Herzen zu helfen. Ich habe versucht, den Obdachlosen zu helfen, und ich möchte, daß sie sich auch an mich erinnern.

In meinem täglichen Gebet bitte ich um eine bessere Welt für sie und um Frieden für die ganze Welt. Und ich wünsche mir, daß ich in der kurzen Zeit, die ich noch lebe, noch vielen Menschen helfen kann.«

Ihre Worte rührten mich zutiefst. »Das ist schön«, antwortete ich. »Aber es gibt viele Menschen, die eine andere Einstellung haben und nicht glauben, daß man anderen immer helfen sollte, und die vor allen Dingen nicht glauben, daß der einzelne etwas bewirken kann. Was glauben Sie, warum Sie so fühlen, wie Sie fühlen, und warum viele Menschen ihren Mitmenschen nicht helfen wollen und die Obdachlosen sogar noch schlechtmachen?«

»Ich weiß nicht«, antwortete sie. »Ich sage mir immer, daß auch die schlechten Zeiten ihr Gutes haben. Ich weiß, daß es mir mit Gottes Hilfe sehr viel besser geht als vielen anderen, und ich danke Gott dafür, daß er mir Mut gibt, weiterzumachen, und ich danke ihm für seine Liebe zu allen Menschen.

Wir wollen alle zusammenhalten und in Frieden zusammen leben. Ich hoffe, daß alle Kriege, Korruption, Mord und Drogen von der Erde verschwinden. Ich hoffe, daß ich dazu beitragen kann, das Schlechte in der Welt durch Gutes zu ersetzen und die Menschheit vor dem kommenden Bösen zu bewahren.«

Nachwort – Fanny Ray faßt alles klar und einfach zusammen: Wenn wir unseren Mitmenschen helfen und unsere Welt zu einem besseren Ort machen wollen, müssen wir lernen, einander zu lieben und einander zu helfen. Fanny Ray hat nicht Lob und Anerkennung gesucht, als sie Kindern und Eltern geholfen hat. Sie suchte nicht Lob und Anerkennung, als sie sich entschloß, ihren drei Enkelkindern zu helfen. Sie hat keine Bedingungen gestellt, sondern bedingungslos geliebt. Sie lebt mit dem Herzen.

Es war wichtig, daß ich durch Fanny daran erinnert wurde, daß schlechte Zeiten auch ihr Gutes haben und daß unser Mühen uns zu stärkeren und mitfühlenderen Menschen machen kann. Ich selbst fühle mich, wenn etwas nicht so läuft, wie ich es gerne hätte, oft als Opfer, und dann bin ich in Versuchung, mich der Wut und dem Zorn hinzugeben. Fanny erinnerte mich daran, daß alles, was einem widerfährt, auch seine positiven Seiten hat.

Fanny hätte sich leicht als Opfer fühlen können, als sie die Kinder ihrer Tochter aufnehmen mußte, aber sie sah statt dessen die Gelegenheit, Liebe zu geben. In ihrem Herzen schien sie zu wissen, daß ihr eigenes Wohlergehen mit ihrer Bereitschaft, anderen zu helfen, zusammenhängt. Wir lehren das, was wir lernen wollen.

Fanny Ray und viele andere wie sie bewirken mit Sicherheit Gutes in der Welt, solange sie anderen ihre bedingungslose Liebe schenken. Fanny weigert sich, das Alter als Hindernis oder Makel zu sehen, und sie lebt in dem Glauben und dem Vertrauen, daß sie nicht allein ist.

Kapitel 9

Frank Morgan

*Ich kann die Gedanken,
die mich schmerzen, ändern.*

Am 9. August 1989 war ich zusammen mit meiner Lebensgefährtin Diane Cirincione Gast in der *Today Show* im Fernsehen. In der gleichen Sendung war ein Mann namens Frank Morgan zu Gast, der als einer der größten Bebop-Saxophonisten der Welt vorgestellt wurde. Die Musik, die aus Frank Morgans Saxophon kam, berührte mich sehr, denn der Mann selbst schien von einem Frieden und einem inneren Licht erfüllt.

Obwohl ich die Arbeit an meinem Buch, als ich Frank begegnete, eigentlich schon beendet hatte, wurde mir ziemlich bald klar, daß Frank einfach noch hineingehörte. Sein Leben ist die Geschichte eines Mannes, der von Mißerfolgen geradezu verfolgt schien, dem jetzt jedoch sowohl innerer wie äußerer Erfolg beschieden ist. Und es ist auch die Geschichte eines Mannes, der durch seine Musik die Welt verändert. Von ihm lernen wir, daß wir niemals aufgeben und uns nicht durch vergangene Mißerfolge und Erfolglosigkeit entmutigen lassen dürfen.

Ich glaube nicht, daß es Zufall war, daß ich Frank damals kennenlernte – eine Definition von Zufall gefällt mir ganz besonders: Der Zufall ist ein Wunder, bei dem Gott sich nicht zu erkennen gibt. Ich spürte, daß in Franks Wandel eine wichtige Botschaft lag, die ich auf jeden Fall mit meinen Lesern teilen wollte.

Nach der Sendung gingen wir ins Hotel, wo wir auch Franks Frau, Rosalinda Kolb, die ebenfalls Künstlerin ist, kennenlernten. Beide stimmten einem Interview für dieses Buch zu. Es stellte sich heraus, daß Rosalinda einige meiner Bücher gelesen hatte. Sie sagte, daß ihr *Lieben heißt die Angst verlieren* am besten gefallen habe. Wie durch ein Wunder hatte sie gerade damit angefangen, Frank mit meinen Büchern vertraut zu machen. Es war ein wundervolles Zusammensein, und Frank und Rosalinda waren genauso erfreut, Diana und mich kennenzulernen, wie umgekehrt.

Als ich Frank bat, mir von seinem Leben zu erzählen, verblüfften mich die Offenheit und die Ernsthaftigkeit seiner Antworten.

»Ich wuchs in einer zerrütteten Familie auf«, begann er. »Ich hatte immer das Gefühl, daß weder meine Mutter noch mein Vater viel Zeit für mich hatten, obwohl ich sagen muß, daß mein Vater, als ich noch ganz klein war, immer wenn er nicht auf Tournee war, an meinem Bettchen Gitarre spielte. Man erzählte mir später, daß ich immer nach dem Instrument gegriffen habe.

Ich war ein Einzelkind, und eigentlich haben mich meine beiden Großmütter großgezogen. Da mein Vater Musiker war, war er so gut wie nie zu Hause, und meine Mutter war am liebsten bei ihm. Mein Vater war der Chef der berühmten Gesangsgruppe Ink Spots, und er ist heute immer noch aktiv. Während wir hier reden, tritt er mit seinen fünfundsiebzig Jahren mit den Ink Spots im Sheraton-Hotel in Waikiki, Hawaii, auf.« (Kurz nach diesem Interview erhielt ich von Rosalinda und Frank die Nachricht, daß Franks Vater, Stanley, gestorben war.)

»Wann haben Sie sich zum ersten Mal für Musik interessiert?« fragte ich Frank.

»Ich glaube, ich habe schon mit drei oder vier Gitarre gespielt. Als ich drei war, hatte ich zum ersten Mal Gelegenheit, den Mann zu hören, den viele als den größten Saxophonisten aller Zeiten bezeichnen, Charlie Parker. Als er aufstand und vor der Big Band sein erstes Solo blies, kam es mir vor, als höre ich zum ersten Mal meine eigene Stimme. Von da an war er mein Idol und mein Lehrer, obwohl ich auch klassische Musik studierte.

Die Tatsache, daß mein Idol Charlie Parker zu der Zeit drogenabhängig war, schien keine so große Rolle zu spielen. Für mich war das die Normalität, und es schien ganz normal, sich damit zu identifizieren. Aber ich glaube, daß ich auf einer tiefen, unbewußten Ebene das Gefühl hatte, daß ich ebenfalls Drogen nehmen müßte, um zu begreifen, was mein Lehrer wußte. Die Botschaft lautete: ›Ich kann nicht hören, was du sagst, weil das, was du tust, alles übertönt.‹«

»Was war mit der Schule und Ihrer Ausbildung? Wie war das?« fragte ich ihn.

»Ich bin in Milwaukee aufgewachsen und besuchte dort eine Schule, die ähnlich war wie die Montessori-Schulen, eine Schule, wo jeder entsprechend seinen Fähigkeiten und Begabungen gefördert wurde. Ich war ein ausgezeichneter Schüler und habe sogar Klassen übersprungen.

Als wir nach Kalifornien zogen, war ich vierzehn. In Milwaukee war man gut angekommen, wenn man in der Schule die Hand gehoben und gute Noten bekommen hat. Aber in Kalifornien waren genau die Dinge überhaupt nicht angesagt. Ich besuchte eine schwarze Schule, und viele der Schüler waren Straßenkinder.

Nach der Schule studierte ich am Los Angeles City College und fing an, als Musiker zu arbeiten. Mit neunzehn war ich zum ersten Mal im Gefängnis. Seitdem habe ich mit Unterbrechungen ungefähr ein Viertel meines Lebens im Gefängnis verbracht. Ich war schwer heroin- und kokainabhängig, und das jahrelang, aber ich habe nie mit Drogen gehandelt. Ich war immer nur User, und um an das Geld für die Drogen zu kommen, habe ich kleinere Straftaten verübt, wie Einbruch und Scheckbetrug. Ich hatte nie das Gefühl, daß ich eines Tages wirklich von den Drogen lassen könnte. Und selbst im Gefängnis war es nicht allzu schwer, an Drogen zu kommen und weiterhin damit zu leben.«

Nun bat ich Rosalinda, mir ihren Eindruck von Frank im Lauf der Jahre zu schildern.

»Wir kennen uns ungefähr seit zehn Jahren«, antwortete sie. »Am 22. Dezember feiern wir unseren ersten Hochzeitstag. Wir haben einen Tag vor Franks fünfundfünfzigstem Geburtstag geheiratet. Es hat in der Vergangenheit mehrere Situationen gegeben, in denen ich fast aufgegeben hätte. Ich habe ihn beispielsweise im Laufe von fünf oder sechs Jahren in mindestens vier Strafanstalten besucht. Es gab eine Zeit, da habe ich aufgehört, ihm zu schreiben und ihn zu besuchen.

Aber es gab auch Zeiten, in denen ich ihn oft besucht, ihm viel geschrieben, ihm Bücher geschickt und ihn nach Kräften unterstützt habe. Frank ist ein Licht im Leben der anderen, wie Sie ja selbst auch sagten. Das Licht habe ich immer gesehen, aber im Laufe der Jahre war es mitunter sehr frustrierend, wenn ich versucht habe, ihn dazu zu bringen, daß er von seiner Angst abläßt und sich mehr an seinem eigenen Licht orientiert. Das Licht war immer da. Er ist sehr liebenswert, einer der liebenswertesten Menschen, die ich kenne. Und ich möchte noch hinzufügen, daß wir erst vor kurzem Franks vierten Jahrestag in Freiheit gefeiert haben.«

Ich wandte mich an Frank und sagte: »Wie haben Sie es geschafft, von den Drogen und dem Leben loszukommen, das Sie immer wieder ins Gefängnis gebracht hat?«

Frank antwortete: »Ich habe mich endlich Gott zugewandt. Rosalinda hat immer wieder gesagt: ›Du sagst, du liebst mich und willst mit mir zusammensein. Wenn du mich wirklich liebst, dann darfst du nicht mehr ins Gefängnis zurück. Du mußt dein Saxophon spielen und aufhören, dich selbst zu zerstören.« Ich betete zu Gott und bat ihn, mir zu helfen, damit ich nicht mehr ins Gefängnis mußte und ein besserer Künstler wurde. Ich betete auch um eine letzte Chance mit Rosalinda und mit dem Leben. Und alles, worum ich gebetet hatte, habe ich bekommen.

Es ist so gekommen: Am 2. April 1985 wurde ich aus dem Gefängnis entlassen, und Dick Bock hatte für mich einen Vertrag mit der Plattenfirma Fantasy Records gemacht. Das Album, das wir aufgenommen haben, *Easy Living,* war sehr erfolgreich. Und über kurz oder lang war ich wieder auf Drogen. Doch dann habe ich mich zum allerersten Mal selbst gestellt, denn ich wußte tief drinnen, daß es diesmal anders sein würde. Nach vier Monaten in Chino wurde ich am 8. November 1985 entlassen. Dieses Mal sollte das letzte Mal sein. Unter keinen Umständen wollte ich wieder Drogen nehmen. Meine Einstellung war jetzt eine völlig andere. Im Grunde war es Rosalindas Liebe und die Liebe Gottes, die den Ausschlag gegeben haben.«

»Glauben Sie, daß Gott es will, daß Sie Saxophon spielen? Schenken Sie der Welt auf diese Weise Liebe?«

Frank lächelte und antwortete: »Ja, ich glaube, das ist mein Auftrag. Wenn ich die Gabe nutze, die ich von Gott bekommen habe, wenn ich in die Welt hinausgehe und die Gabe mit Demut gebrauche, dann entfaltet sich die Welt auf wundersam harmonische Weise. Anders kann ich das, was seit meiner letzten Entlassung aus dem Gefängnis geschehen ist, nicht beschreiben.

Der *Esquire* brachte in der Juliausgabe 1989 einen sehr schmeichelhaften Artikel über mich. Aber es erschienen auch Artikel in *Newsweek,* in *People, The Atlantic,* in mehreren Jazz-Zeitschriften und großen Zeitungen, und CBS brachte eine Dokumentation, die im ganzen Land ausgestrahlt wurde. Ich möchte vor allen Dingen ein geordnetes Leben führen und jungen Leuten helfen, damit sie den Drogen fernbleiben. Ich glaube, daß man am meisten erreicht, wenn man mit gutem Beispiel vorangeht, und mein Ziel ist es, ein gutes Beispiel zu sein. Ich habe es satt, immer zu lügen. Wenn ich jetzt morgens aufwache und mir sagen kann, daß ich niemanden anlügen muß, fühle ich mich einfach wunderbar.

Ich kann aber erst dann ein wirklich gutes Vorbild sein, wenn ich kein Methadon mehr nehmen muß und kein Verlangen mehr nach irgendwelchen Drogen verspüre. Aber die Drogen scheinen mir immer weniger die Lösung. Ich will mich nicht mehr schuldig fühlen müssen, und ich weiß, daß ich clean sein muß, damit ich das tun kann, was ich tun will.«

»Weswegen fühlen Sie sich am meisten schuldig?« fragte ich.

»Ich weiß nicht recht. Vielleicht, daß ich mich als Kind schuldig gefühlt habe, weil ich schwarz war. So ungefähr jedenfalls.«

»Wem, würden Sie sagen, haben Sie in Ihrem Leben noch nicht vergeben?« fragte ich anschließend.

»Meinem Vater. Aber ich arbeite daran. Ich weiß, daß meine Mutter und mein Vater heute stolz auf mich sind, und ich bin froh darüber.«

Ich erzählte Frank ein wenig von meinem eigenen Kampf, meine Alkoholabhängigkeit zu überwinden, und wie wichtig es war, daß ich vergeben konnte, um von meiner Vergangenheit loszukommen und Gott in mein Leben zu lassen. Ich erklärte Frank, wie ich es immer und immer wieder aufgeschoben hatte, denen, die mich vermeintlich verletzt hatten, zu vergeben, obwohl ich wußte, daß mich das Festhalten an meiner Bitterkeit wieder zurück zum Alkohol treiben würde. Wenn ich auf mein Ego hörte, hatte ich das Gefühl, daß es nur recht und billig war, an meiner Bitterkeit festzuhalten und diesen Menschen nie zu vergeben. Was mir schließlich darüber hinweggeholfen hat, war, daß ich mir jeden Tag die gleichen zwei Fragen gestellt habe: »Will ich eigentlich einen Rekord im Aufschieben aufstellen?« und »Will ich glücklich sein oder will ich recht haben?«

Frank lachte und sagte: »Diese beiden Fragen treffen den Kern der Sache ganz genau. Wissen Sie, ich kann auf der Bühne stehen und mein Saxophon spielen und mich dabei glücklich und zufrieden fühlen, und in diesen Augenblicken spüre ich die Nähe Gottes. Aber wenn ich dann die Bühne verlasse, ist es schon nicht mehr so einfach. Ich muß ständig hart daran arbeiten.«

»Wie sollen die Menschen Sie nach Ihrem Tod in Erinnerung behalten?« fragte ich.

»Ich möchte, daß die Leute mich als Versager, der es zum Sieger gebracht hat, in Erinnerung behalten, als einen Menschen, der erfolgreich wurde und seine Liebe zur Welt durch seine Musik ausdrückte. Ich möchte auch gern ein Vorbild für diejenigen sein, die die Hoffnung aufgegeben haben und glauben, daß sie bis an ihr Lebensende Versager bleiben müssen. Ich möchte sie wissen lassen, daß es nie zu spät und nie unmöglich ist, mit den Drogen aufzuhören.«

Nachwort – Es ist unmöglich, mit Frank und Rosalinda zusammenzusein, ohne das Licht, das die beiden in die Welt bringen, nicht zu bemerken. Obwohl sie die Hölle durchgemacht haben, haben sie sich dazu entschlossen, auf Gott, auf die Liebe und aufeinander zu vertrauen. Sie haben beschlossen, die schmerzlichen Erfahrungen der Vergangenheit hinter sich zu lassen und jede Erfahrung ihres Lebens als positive Lernerfahrung zu nutzen.

Sie sind dankbar für ihre gute Ehe, für den Erfolg, den Frank mit seiner Musik hat, und für die vielen positiven

Momente in ihrem Leben. Ihr Lächeln und der Friede, den sie ausstrahlen, sind ansteckend, und es war eine große Freude, die wenigen Minuten mit ihnen zu verbringen.

Ich konnte Frank gut nachfühlen, als er gesagt hatte, daß es, sobald er die Bühne verlasse, nicht mehr so einfach sei, die Gegenwart Gottes zu spüren. Frank erinnerte mich daran, wie schnell der Verstand sich von dem inneren Frieden entfernen kann und wie wichtig es ist, unseren Verstand jederzeit und stets zu disziplinieren.

Frank hat nun weder Angst vor Versagen noch vor Erfolg. In seinem Herzen weiß er, daß er ein Instrument Gottes ist, das die Musik spielt, die direkt ins Herz geht. Er hat sich selbst und anderen bewiesen, daß es keine Grenzen gibt und daß mit Gottes Hilfe alles möglich ist.

Kapitel 10

Man ist nie zu alt oder zu jung, um etwas zu verändern.

Das Licht ist da.

Man ist nie zu alt – Ich vernahm die Geschichte eines Mannes, der sein ganzes Leben lang im mittleren Management gearbeitet hatte und dann, lange vor dem Rentenalter, einem Herzinfarkt erlegen war. Kurz danach zogen seine Frau und seine Kinder zu den Eltern der Frau. Viele, die den Mann gekannt hatten, kamen zur Beerdigung, und diese Erfahrung veranlaßte viele zum Nachdenken, denn sie begriffen plötzlich: »Das gleiche könne auch mir passieren!«

Eines der Dinge, worüber diese Menschen am meisten betroffen waren, war, daß dieser Mann nicht nur gestorben war, sondern daß es kurze Zeit später schon den Anschein hatte, als hätte er nie gelebt.

Eine Frage, die dadurch aufgeworfen wurde, lautete: »Was werden die Leute von mir sagen, wenn ich nicht mehr bin? War mein Leben so unbedeutend, daß ich genausogut nie hätte geboren werden können?«

Das sind keine einfachen oder bequemen Fragen. Viele von uns stellen sie sich gar nicht, weil die Antworten mitunter schmerzlich sein können und schal und leer klingen. Vielleicht erkennen wir aber auch, daß man sich möglicherweise nur deshalb an uns erinnert, weil wir ein erfolgreicher Geschäftsmann waren oder weil wir immer pünktlich zur Arbeit erschienen oder weil wir zum Abschied eine goldene Uhr bekamen oder weil wir beim sportlichen Wettkampf immer fair waren.

Mir kommt es jedoch so vor, als wollten die meisten von uns ganz und gar nicht ob ihrer Pünktlichkeit oder ob ihres Arbeitseifers beziehungsweise ihres Einkommens im Gedächtnis behalten werden. Wenn wir das Gefühl haben, wie ein Roboter zu funktionieren, von der Routine und Arbeit aufgefressen zu werden, im ständigen Wettbewerb um noch mehr Geld und noch mehr Besitztümer zu leben, dann haben wir zu Recht das Gefühl, daß unser Leben leer ist.

Ich glaube fest daran, daß es im Leben in erster Linie auf unsere Herzensbeziehungen ankommt und auf die Liebe, die wir anderen von Herzen schenken. Nur dann hat unser Leben einen Sinn. Vor vielen Jahren hat einmal jemand gesagt, daß der, der lebt, ohne sein Leben zu teilen, sein Leben vergeudet, und ich glaube, dieser Jemand hatte recht.

Wenn die Jahre vergehen und wir in einen Lebensabschnitt eintreten, der üblicherweise als »Alter« bezeichnet wird, sind wir nicht selten versucht, auf unser Leben zurückzublicken, um dann enttäuscht zu sein. Aber wenn wir nach vorne schauen, erkennen wir, daß wir nur noch wenige Jahre vor uns haben, und wir fragen uns, was wir im Leben denn erreicht haben. Vielleicht trifft uns die Erkenntnis, daß wir wenig oder gar nichts bewirkt haben, wie ein Keulenschlag.

Wie alt wir sind und wie viele Jahre uns noch bleiben, sind Dinge, die uns nicht das Gefühl geben sollten, daß unser Beitrag klein oder begrenzt war. Was die Liebe anbetrifft, so gibt es keine kleinen und großen Geschenke. Wahre Liebe ist immer grenzenlos und jenseits aller Wertmaßstäbe und Vergleiche.

Manche Menschen lernen erst spät im Leben, was es heißt, grenzenlose Liebe zu geben. Dies sind die Spätzünder. Ich glaube, daß Gott es so eingerichtet hat, daß manche Blumen früh blühen, während andere spät blühen, aber daß alle irgendwann blühen und ihre Schönheit, Pracht und Liebe mit allen teilen, die bereit sind, daran teilzuhaben.

Joseph W. Charles

Als ich Joseph Charles' Geschichte zum ersten Mal hörte, mußte ich innerlich schmunzeln und sogar lachen. Ich wußte, daß ich auf einen Spätzünder gestoßen war, der seinen eigenen Weg gefunden hatte, um die Herzen von Tausenden zu führen. Zum ersten Mal sah ich Mr. Charles in den Nachrichten im Fernsehen von San Francisco. Eine Woche später interviewte ich ihn in seinem Haus in Berkeley.

Die Nachrichten hatten den achtundsiebzigjährigen schwarzen Witwer Charles bei der Tätigkeit gezeigt, die er schon seit Jahren ausübt. Er stand während der Berufsverkehrszeit auf dem Gehweg vor seinem Haus und winkte allen Vorbeifahrenden mit seinen weißen Handschuhen graziös wie ein Ballettänzer zu. Das Lächeln, mit dem er jeden einzelnen bedachte, war so breit wie der Ozean. Während die Autos an ihm vorbeifuhren, rief er den Fahrern zu: »Ich wünsche Ihnen einen guten Tag! Ich wünsche Ihnen einen wunderschönen Tag und einen glücklichen Tag.«

Als bekannt wurde, daß er jeden Tag dort stand, nahmen immer mehr Menschen längere Fahrzeiten in Kauf, nur um von ihm begrüßt zu werden und ihren Tag mit einem Lächeln beginnen zu können. Joseph war ein Mann, der jedes Jahr mit Tausenden von Menschen eine Herzensbeziehung aufbaute, und er hatte damit erst im hohen Alter begonnen.

Später erzählte er mir ganz stolz, daß er wisse, daß man sich später an ihn erinnern werde als den Mann, der versucht hat, anderen einen fröhlichen Tagesanfang zu bescheren. Ich bin sicher, daß die Erinnerungen, die die Menschen an den winkenden und lächelnden Mr. Charles haben, nie verblassen werden und daß er auf seine ganz persönliche Art bereits etwas sehr Wichtiges bewirkt hat.

Ich kam etwa fünfzehn Minuten zu früh zu unserem verabredeten Treffen mit Mr. Charles. Als ich eintraf, stand er immer noch mit weißen Handschuhen auf dem Gehweg vor seinem Haus und winkte allen Vorbeifahrenden zu. Zufällig war zur gleichen Zeit ein Kamerateam der ABC-Fernsehgesellschaft aus New York anwesend, um Mr. Charles für die Abendnachrichten zu filmen.

Ich sah, daß alle Vorbeifahrenden Mr. Charles ebenso heftig und fröhlich zuwinkten wie er ihnen. Die vorbeifahrenden Menschen waren ganz verschieden – Familien mit ihren kleinen Kindern auf dem Weg zur Schule, Kinder auf ihren Fahrrädern, Lastwagenfahrer, Pendler, Spazierende, und alle lächelten und lachten, und viele drückten laut auf die Hupe. Und vor seinem Haus stand Mr. Charles und schwang seine Arme wie beim Tanz und grüßte jedermann mit: »Ich wünsche Ihnen einen wunderschönen Tag und einen glücklichen Tag.« Wenn er nicht winkte, dann hielt er sich so aufrecht, daß man das Gefühl hatte, sein Kopf berühre die Wolken, und er sah um Jahre jünger aus, als er in Wirklichkeit war.

Ich erinnere mich, daß ich, als ich diesem Schauspiel zusah, dachte, daß niemand, der Mr. Charles sah, den Tag verdrossen oder deprimiert beginnen könne. Es kam einem Wunder gleich, daß so viele Menschen große Umwege in Kauf nahmen, um ihren Tag mit einem »Upper« zu beginnen, der mit Liebe angereichert war.

Mr. Charles war ein Mann, der das lebte, was vielen von uns so schwerfällt, nämlich den Tag mit einem Lächeln und viel Liebe für alle Menschen zu beginnen. Er war ein Mann, der alle, die ihn sahen, lehrte, daß es möglich ist, den Tag auf positive Art und Weise zu beginnen. Und allen war klar, daß die Liebe und das positive Gefühl, das er den anderen entgegenbrachte, auf tausendfache Weise zurückkam. Er war ein Mann, der zeigte, daß Geben gleich Nehmen ist.

Als wir das bescheidene Holzhaus betraten, bemerkte ich, wie sauber und ordentlich alles war. Fast in jedem Zimmer stand eine Schale mit Obst und anderen Eßsachen. Mr. Charles erklärte mir, daß er immer gerne genügend Lebensmittel im Haus habe, weil es heutzutage so viele hungrige und bedürftige Menschen gebe. Er erzählte mir, daß viele einfach auf einen kleinen Imbiß bei ihm vorbeischauten, weil sie wußten, daß er sie nie abweisen und daß immer genügend im Haus sein würde. Ich erfuhr, daß es in seinem Leben eine Zeit gegeben hatte, in der er nicht wußte, wo er seine nächste Mahlzeit hernehmen sollte. Deshalb wollte er jetzt denen geben, die in Not waren.

Ich fragte Mr. Charles, seit wann er als Winker bekannt sei und wie alles angefangen habe.

»Es war am 6. Oktober 1962, also vor mehr als zwanzig Jahren. Angefangen hat es damit, daß ich im Garten arbeitete, als ein Nachbar zu mir sagte: ›Wissen Sie, daß ich mich, wenn Sie mir winken und lächeln, so gut fühle, daß ich manchmal nur deswegen bei Ihnen vorbeigehe?‹

Er sagte weiter: ›Ich wette, daß es viele Leute gibt, die froh wären, wenn sie ihren Tag mit einem Lächeln von Ihnen beginnen könnten. Warum stellen Sie sich nicht einfach auf die Straße und winken und lächeln den Leuten zu, damit ihr Tag gut anfängt?‹«

Mr. Charles hielt einen Moment lang inne, und sein Blick verlor sich in der Ferne, gerade so, als sähe er den Tag vor seinem geistigen Auge. Dann fuhr er fort: »Tja, zuerst hielt ich das Ganze für eine ziemlich verrückte Idee, weil ich glaubte, daß die anderen mich einfach als alten Narren auslachen würden. Aber irgendwann hörte ich eine Stimme in meinem Innern, und die sagte: ›Mach es!‹ Es war, als spräche

Gott zu mir, und deshalb habe ich eines Morgens einfach angefangen.«

»Was waren die ersten Reaktionen?« wollte ich wissen.

Mr. Charles lächelte. »Ich war erstaunt über die Reaktionen. Die Menschen winkten nicht nur zurück, sondern sie hupten auch noch. Ich habe einfach immer weitergemacht, weil ich gerne mit Menschen spreche, und mit meinem Winken spreche ich mit so vielen. Es scheint ihnen zu gefallen, und mich freut es, daß es ihnen gefällt.«

Und dann fügte er einfach, aber bestimmt hinzu: »Ich kann dazu beitragen, daß jemand sich gut fühlt, und wenn ich jemanden glücklich machen kann, dann habe ich das Gefühl, etwas Großartiges zu tun.«

Während ich mich mit Mr. Charles unterhielt, mußte ich an die vielen Situationen denken, als ich noch nicht auf dem liebenden Weg war, in denen mir mein Herz etwas gesagt hatte, ich aber, ganz im Gegensatz zu Mr. Charles, nicht darauf gehört habe. Ich habe den Ratschlag meines Herzens nicht befolgt, weil ich mich vor der Meinung der anderen fürchtete. Und in jenen Tagen stand die Sorge um die Meinung anderer mit an oberster Stelle.

Mr. Charles erinnerte mich daran, daß wir, wenn uns unser Herz etwas mit Liebe mitteilt, ihm vertrauen und seinen Ratschlag befolgen müssen. Zu viele von uns gehen durchs Leben und können sich nie entfalten, weil sie sich immer darüber Gedanken machen, was die anderen denken könnten. Sie folgen ihrem Verstand anstatt ihrem Herzen.

Es gibt eine wunderbare Organisation, die ein Freund von mir gegründet hat. Sie nennt sich *Giraffes* und ist für solche Menschen gedacht, die bereit sind, etwas zu riskieren. Meiner Meinung nach ist Mr. Charles ein *Giraffe*, weil er bereit war, auf die Stimme seines Herzens zu hören und damit zu riskieren, sich lächerlich zu machen.

Als ich ihn fragte, wieviel Zeit er seinem Winken widmet,

antwortete er: »Fünf Tage in der Woche stehe ich von Viertel vor acht bis neun Uhr dreißig in der Früh draußen. Aber so lange stehe ich erst draußen, seit ich im Ruhestand bin, vorher war's nur eine dreiviertel Stunde jeden Tag. Ich war in der Versandabteilung eines Unternehmens für Marinezubehör beschäftigt und habe alles eingepackt, von Flugzeugteilen über Ruder bis hin zu Alarmsystemen. Meine Frau ist am 18. Oktober gestorben, aber als ich mit der Sache anfing, hielt sie mich für verrückt. Am ersten Tag lehnte sie sich aus dem Fenster und rief: ›Joseph, komm rein. Ich glaube, du bist verrückt.‹

Ihr gefiel mein Tun ganz und gar nicht, bis zu dem Tag, als wir in Burbank zur Sendung *Real People* eingeladen wurden. Erst als ihre Freunde sie im Fernsehen sahen, hat sie sich für das, was ich tat, interessiert.«

»Zu welchen Sendungen hat man Sie noch eingeladen?« fragte ich.

»Ich war in *Good Morning America, Evening Magazine* und *Real People*.«

»Mr. Charles«, fuhr ich fort, »würden Sie einige interessante Dinge erzählen, die Ihnen widerfahren sind, während Sie winkten?«

Er überlegte. »Tja, also ein einziges besonderes Ereignis möchte ich nicht herausgreifen, aber ein Ehepaar aus New York, das hier in Kalifornien ein halbes Jahr lang arbeitete und wohnte, kommt mir doch in den Sinn. Eines Tages brachten mir die beiden eine Krawatte und erzählten mir dabei, daß mein Winken dazu beigetragen hat, daß sie besser miteinander auskamen. Sie waren sich dadurch nähergekommen, weil sie im Laufe des Tages während der Arbeit über mich und mein Tun sprachen. Dabei lachten sie und freuten sich.

Und einmal haben sieben Damen ein Auto gemietet, um bei mir vorbeizuschauen und mir die Hand zu schütteln. Sie kamen aus Alabama. Solche Dinge freuen einen einfach.«

»Ich habe gehört, daß auch Kinder gerne bei Ihnen vorbeischauen, Ihnen die Hand schütteln und sich ein Autogramm von Ihnen geben lassen«, sagte ich.

»Ganz recht«, antwortete er. »Diese Kinder, ich liebe sie einfach. Ich liebe alle, aber die Kinder liebe ich am meisten. Sie wollen andauernd Autogramme von mir, und deshalb habe ich mir einen Stempel mit meiner Unterschrift machen lassen.«

Ich hatte bemerkt, daß er ein Kreuz um den Hals trug, und ich fragte ihn, ob er ein religiöser Mann sei.

»Ich bin kein regelmäßiger Kirchgänger, wenn Sie das meinen, aber es gibt einen Gott, und ich glaube an ihn. Ich liebe das Kreuz, es ist schön. Ich trage es nicht, weil ich religiös erscheinen will, aber ich liebe es und trage es, weil ich der Meinung bin, daß es Christus symbolisiert.«

Nach meiner Aufforderung, mehr zu erzählen, fuhr er fort: »Ich spüre, daß Jesus in mir ist, und weil ich ihn spüre, geht es mir gut. Er gibt mir die Kraft und vertreibt alle Sorgen.«

»Haben Sie das Gefühl, daß Jesus in Ihnen ist und daß er Ihnen sagt, was Sie denken, tun und sagen sollen?« fragte ich ihn.

»Ganz genau«, antwortete er.

Dann sprachen wir über seine Vergangenheit. »Ich bin nur fünf Jahre zur Schule gegangen«, erzählte er. »Dann mußte ich arbeiten, weil meine Mutter nicht arbeiten konnte und mein Vater früh gestorben war. Ich hatte vier Brüder und zwei Schwestern, aber nur noch eine Schwester lebt. Ich war das zweitälteste Kind und der älteste Sohn.

An meinen Vater kann ich mich kaum noch erinnern, aber meine Mutter war eine wunderbare Frau. Sie konnte weder lesen noch schreiben, aber sie war immer gut zu allen. Und das habe ich von ihr gelernt.

Ich bin zwar nicht sehr gebildet, aber ich weiß, wie man Menschen behandeln muß. Ich behandle sie so, wie ich gern behandelt werden möchte. Ich möchte niemandem weh tun, und ich werde nie etwas tun, was andere verletzen könnte.«

Wir alle kennen diese goldene Regel, aber ich habe selten jemanden getroffen, der so sehr danach lebt wie Mr. Charles. Er hat nur wenige Jahre auf der Schulbank verbracht, aber er hat eine Meisterschaft erlangt, die sich meiner Meinung nach in seinem ganzen Wesen ausdrückte – die Meisterschaft der Liebe.

Ich mußte daran denken, daß viele von uns, die auf der Universität waren und einen akademischen Titel vor ihrem Namen haben, etwas von Mr. Charles lernen könnten, was an unseren Schulen nicht gelehrt wird. Von ihm können wir lernen, wie einfach es ist, eine liebende Beziehung zu seinen Mitmenschen aufzubauen. Und daß die Welt eine bessere Welt wäre, wenn wir genau das mit dem Herzen begreifen und in die Tat umsetzen würden.

Mr. Charles berichtete davon, daß er einmal überfallen und ausgeraubt worden war. Ich fragte ihn, wie er jetzt dazu stehe und ob er immer noch Zorn und Bitterkeit deswegen verspüre. Seine Antwort lautete: »Menschen sind einfach menschlich, und damit basta. Ich weiß, daß ich demjenigen vergeben habe, weil ich keinem Menschen etwas nachtrage.«

»Welche Grabsteininschrift würden Sie sich nach Ihrem Tod wünschen?« fragte ich ihn.

»Darüber habe ich nie nachgedacht. Eigentlich ist es mir egal. Aber vielleicht etwas in die Richtung: ›Er hat sein Bestes gegeben, um Gottes Willen zu befolgen‹, wie zum Beispiel anderen Menschen zu helfen.«

»Welchen Rat würden Sie den Menschen geben, die nicht lächeln?«

»Ich würde sagen, lächle und freu dich. Das ist mein Rat, denn dann fühlt man sich gut, und außerdem sieht es gut aus, wenn man lächelt. Einen anderen Rat habe ich nicht. Ich freue mich immer riesig, wenn ich andere lächeln sehe.«

Irgendwie kamen wir auf die Politik zu sprechen. (Unser Gespräch fand kurz vor den amerikanischen Präsidentschaftswahlen 1988 statt.) Mr. Charles meinte: »Ich würde zu gerne Jackson wählen, aber ich hoffe, daß er nicht gewinnt, denn wenn er gewinnt, wird man ihn umbringen. Die Weißen sind noch nicht reif für Schwarze, nicht für einen schwarzen Präsidenten, und das ist die Wahrheit. Was er [Jackson] macht, ist zu bedrohlich, als daß sie einen Schwarzen Präsident werden lassen würden. Und wenn er Vizepräsident wird, dann wird er ebenfalls umgebracht. Da bin ich mir ganz sicher.

Schauen Sie sich doch nur auf den Colleges um. Die Weißen gegen die Schwarzen. Man liest und hört überall, wie sie [die Weißen] die Schwarzen hassen. Es ist fast so schlimm wie in den Zeiten vor der Gleichberechtigung. Ich hasse diese Menschen nicht, aber was da vor sich geht, gefällt mir ganz und gar nicht. Ich hasse die Weißen nicht. Manche Schwarzen hassen die Weißen wie die Pest. Das gefällt mir nicht.

Und Präsident Reagan ist auch nicht sehr gut zu den Schwarzen gewesen. Er eilt nach Rußland und hält große Reden über die Einhaltung der Menschenrechte, ha, erst einmal sollte er dafür sorgen, daß sie hier eingehalten werden. Präsident Reagan ist nicht dumm, aber ich finde, er ist der mieseste Präsident, den wir je hatten. Er sagt und verspricht irgendwas, und dann dreht er sich um und behauptet, er habe das ganz anders gemeint, und er kommt damit auch noch durch.«

Als nächstes fragte ich Mr. Charles: »Welchen Rat würden Sie den Kindern geben, die in unserer heutigen Welt aufwachsen?«

Er antwortete: »Behandelt die anderen so, wie ihr gern behandelt werden möchtet. Es gibt einen Gott in dieser Welt. Glaubt an diesen Gott. Und seid fleißig in der Schule und macht eine gute Ausbildung.«

Ich bat Mr. Charles, mir zu erzählen, wie er seinen Tag beginnt. »Als erstes knie ich nieder«, antwortete er, »und bete ungefähr fünf Minuten lang und danke dem Herrn, daß er mich noch nicht zu sich geholt hat. Ich danke ihm, daß er mir einen weiteren Tag geschenkt hat und dafür, daß er im Schlaf über mich wacht. Ich danke Gott für die Kraft, um jeden Morgen aufzustehen und bitte ihn, mich auch weiter zu beschützen und um seinen Segen für mich, meine Familie und alle Menschen.«

Ich fragte Mr. Charles, was ihm am wichtigsten im Leben sei. Er antwortete: »Ich danke Gott für meine beiden wunderbaren Söhne, die ich nach bestem Wissen und Gewissen großgezogen habe – wir sind immer gut miteinander ausgekommen. Ich hatte eine wunderbare und wunderschöne Frau. Ich habe zehn Jahre lang um sie geworben, bevor wir geheiratet haben, und wir waren einundfünfzig Jahre, drei Monate und dreizehn Tage verheiratet. Ich war immer ein sportlicher Typ und habe vor allem gern Baseball gespielt. Ich liebe die Menschen, und es freut mich, daß ich jedesmal, wenn ich winke, neue Freunde gewinne, neue Freunde, die ich gern haben kann und die mich gern haben.«

Während Mr. Charles von seinem Dankgebet sprach, mußte ich an Meister Eckhart denken, der einst sagte, daß das wichtigste Gebet nur aus drei Worten bestehe. »Ich danke dir.« Wenn wir alle einfach nur in der Lage wären, mehr zu danken, ganz gleich, welche Prüfungen und Leiden wir durchmachen müssen, gäbe es höchstwahrscheinlich sehr viel mehr Frieden auf der Welt. Zweifellos war sich Mr. Charles der Weisheit bewußt, die in seinem Dankgebet lag.

Mr. Glaube

Vor nicht allzulanger Zeit war ich in Denver, um einen Vortrag zu halten. An dem Nachmittag des Vortrags wurde ich zu einem vierzehnjährigen Jungen gebeten, der von seinem Freund versehentlich angeschossen worden und seitdem vollständig gelähmt war.

An diesem Tag war ich, was nur selten vorkommt, zu früh dran, und als ich mich auf den Weg ins Krankenhaus machte, bemerkte ich, daß in der Halle ein Schuhputzer saß. Da meine Schuhe eine Reinigung vertragen konnten, entschloß ich mich stehenzubleiben. Wie sollte ich wissen, was auf mich zukommen würde! Diese Erfahrung sollte eine der bemerkenswertesten in meinem Leben sein und mir zeigen, daß jeder von uns ein Lehrer sein kann, auch ein Schuhputzer. Obwohl ich den Namen des Mannes, der meine Schuhe putzte, nie erfahren habe, nenne ich ihn Mr. Glaube, denn das war es, was er mich gelehrt hat.

Zuerst möchte ich Ihnen jedoch von meinen früheren Erfahrungen mit Schuhputzern erzählen. Meist ließ ich mir an Flughäfen die Schuhe putzen. Obwohl ich bei solchen Gelegenheiten nie auf die Uhr gesehen habe, würde ich sagen, daß die ganze Aktion nie länger als vier, höchstens fünf Minuten dauerte.

Doch an jenem Tag war alles ganz anders. Mr. Glaube war ein Schwarzer, und er strahlte von einem Ohr bis zum anderen. Während er meine Schuhe putzte, schien er sich in einem anderen Daseinszustand zu befinden. Mir schenkte er überhaupt keine Beachtung, er konzentrierte sich nur auf meine Schuhe. Zwischendurch hielt er inne und blickte sich nach allen Seiten um, und zuweilen kam es mir so vor, als unterhielte er sich insgeheim mit meinen Schuhen.

Obwohl ich angefangen hatte, die Zeitung zu lesen, legte ich sie schnell wieder beiseite und konzentrierte mich meinerseits ganz auf die Arbeit des Mannes. Er legte mehrere Schichten Schuhcreme auf, bevor er die Schuhe auf Hochglanz polierte, bis man sich fast darin spiegeln konnte, aber auch dann hörte er nicht auf zu polieren.

Ich beobachtete angestrengt, wie er voller Hingabe meine Schuhe polierte. Er verhielt sich so, als sei das, was er gerade tat, das Wichtigste auf der ganzen Welt. Wären meine Schuhe ein Mensch gewesen, hätte er nicht behutsamer und liebevoller mit ihnen umgehen können. Hin und wieder nahm er seinen Lappen und wischte über einen kleinen Fleck, bis auch dieser glänzte. Und dann wieder schien es, als summe er ein Schlaf- oder Liebeslied für meine Schuhe.

Allmählich begann ich mich zu fragen, ob meine Schuhe eine Eigenschaft besaßen, von der ich gar nichts wußte. Man muß wissen, daß er sich beinahe in Ekstase befand, während er seine Arbeit machte. Ich habe Joseph Campbell sagen hören, daß man seiner Eingebung folgen müsse, aber noch nie hatte dies jemand so vollkommen getan wie dieser Mann.

Zehn Minuten verstrichen, zwanzig Minuten verstrichen, und Mr. Glaubes Begeisterung schien nicht im geringsten nachzulassen. Er behandelte meine Schuhe, als wären sie menschliche Wesen, ja als wären sie königliche Wesen. Weitere fünf Minuten verstrichen, ohne daß die liebende Pflege, die er meinen Schuhen angedeihen ließ, nachgelassen hätte. Ich versichere Ihnen, daß ich mich aus mir vollkommen unbekannten Gründen plötzlich in meine zwei Jahre alten Schuhe verliebte.

Ich war sicher, daß meine Schuhe, hätten sie sprechen können, begeistert davon erzählt hätten, daß sie noch nie mit soviel bedingungsloser Liebe gepflegt worden waren. Daß ich diesen Mann beobachten konnte, kam fast einer heiligen Erfahrung bei. Ich wäre nicht überrascht gewesen, wenn meine Schuhe plötzlich Glorienschein und Flügel bekommen und mich davongetragen hätten.

Nach ungefähr dreißig Minuten war er fertig und hob zum ersten Mal den Blick zu mir hoch. In seinen Augen sah ich das Licht der Liebe strahlen und die Freude darüber, nicht nur meinen Schuhen das Geschenk der Liebe zu machen, sondern auch demjenigen, der die Schuhe trug.

Jetzt richtete ich zum ersten Mal das Wort an ihn. »Ich muß Ihnen sagen, daß noch nie jemand meine Schuhe mit soviel Zuwendung, Liebe und Vollkommenheit geputzt hat.«

Mein Lob schien ihn zu freuen, und er antwortete: »Alles, was ich tue, ist ein Geschenk an Gott. Gott liebt mich so sehr, daß ich weiß, daß alles, was ich tue, um Gottes Liebe mit anderen zu teilen, Gott und mich glücklich macht. Ich muß der glücklichste Mensch auf der ganzen Welt sein, denn ich weiß, daß es ein Geschenk Gottes ist, daß ich Schuhe mit so viel Liebe und Vollkommenheit putzen kann. Ich freue mich, daß Ihnen Ihre Schuhe gefallen.«

»Gefallen?« rief ich. »Ich bin begeistert! Und ich bewunderte Ihren Glauben und Ihre Hingabe an Gott.« Ich fragte ihn, ob er mir etwas über seine Beziehung zu Gott erzählen wollte.

»Nun, ich glaube, daß das Leben einfach nur ein Gebet ist. Auf diese Weise rede ich den ganzen Tag mit Gott, bitte um seine Führung und seinen Segen und sage ihm, wie sehr ich ihn liebe und wie sehr ich ihm danke für all das, was er mir gegeben hat. Gott will, daß ich freundlich und liebevoll mit allem und allen umgehe. Normalerweise rede ich nicht über Gott, sondern behalte meine Gedanken für mich. Ich respektiere die Privatsphäre meiner Kunden. Aber Sie haben mir die Erlaubnis gegeben, über Gott zu sprechen. Wissen Sie, manchmal glaube ich, daß ich hier bei meinem Schuhstand eine kleine Kirche habe.«

Ich mußte allmählich ins Krankenhaus, und als ich das Hotel verließ, dachte ich im stillen, daß ich die Liebe Gottes an einem Schuhputzstand gefunden hatte. Im stillen wünschte ich mir selbst den bedingungslosen Glauben dieses Mannes sowie sein Vertrauen und seine Hingabe an Gott. Es gab Zeiten in meinem Leben, in denen ich all das gespürt habe, in denen ich Glaube, Vertrauen und Hingabe an Gott gefühlt habe, aber nie so grenzenlos wie mein Lehrer und neuer Mentor, Mr. Glaube.

Als ich an diesem Abend meinen Vortrag hielt, sprach ich ausführlich über den grenzenlosen Glauben und die Hingabe an die Liebe, und Mr. Glaube diente als Beispiel. Wenn ich hin und wieder Zweifel an meinem Glauben habe, dann denke ich an diesen Mann, der meine Schuhe geputzt hat, und fange an zu lächeln. Wenn ich mich seiner Hingabe und seines Glaubens erinnere, dann bin ich davon überzeugt, daß auch ich das kann.

Der Clown

Jetzt, wo ich älter werde – ich bin inzwischen vierundsechzig – gibt es Tage, an denen mein Körper einfach nicht so funktionieren will, wie er es getan hat, als ich jünger war. An solchen Tagen bin ich versucht zu glauben, daß der Alterungsprozeß den Menschen behindert.

Vor kurzem waren Diane Cirincione und ich bei unseren guten Freunden Christine und Wally Amos in Hawaii zum Essen eingeladen. Zu Gast war ebenfalls eine sehr erfrischende, fünfundsiebzigjährige Dame namens Vivian, von der ich an jenem Abend gelernt habe, das Alter nicht mit Begrenzungen und Behinderungen zu verbinden.

Vivian war voller Energie und Leben. Als ich sie nach ihrem Alter fragte, antwortete sie mit einem Augenzwinkern, daß sie »alterslos« sei. Es wurde mir klar, daß Vivian ihr Herz durch neue Erfahrungen und neues Wissen jung hielt.

Vivian erzählte mir, daß sie mit großer Freude Kurse an der

Volkshochschule besuche. Als ich sie fragte, welche Kurse sie belege, erzählte sie mir die folgende Geschichte.

Ihre Schwester und sie gingen eines Abends zur Volkshochschule, um sich für den Abendkurs einzuschreiben, den sie sich ausgesucht hatten, aber sie mußten feststellen, daß der Kurs bereits voll war. Sie erfuhren, daß mit Ausnahme eines einzigen Kurses jeder Kurs voll belegt war. Als sie sich nach dem noch freien Kurs erkundigten, erfuhren sie, daß es sich um einen Clownkurs handelte.

Sie lachten und versicherten sich gegenseitig, daß die Kunst, ein Clown zu werden, wohl das letzte sei, was sie lernen wollten. Aber nach einiger Überlegung sahen sie einander wieder an und meinten: »Warum sollten wir uns nicht wenigstens, wo wir nun einmal hier sind, die Mühe machen herauszufinden, worum's da eigentlich geht?«

Sie besuchten den Kurs und stellten überrascht fest, wieviel Spaß er ihnen machte, weshalb sie sich noch am gleichen Abend einschrieben. Im Laufe der Zeit fanden beide immer mehr Gefallen an der Kunst, ein Clown zu werden. Vivian erzählte davon, wieviel Freude es ihr macht, als Clown andere zum Lachen zu bringen. Dadurch, so sagte sie, habe sie ihre eigenen kleinen, unbedeutenden Probleme leicht vergessen können. Sie war selbst erstaunt, welch eifrige Schülerin in ihr steckte und welch harte Arbeit es war, ein Clown zu sein. Das Ankleiden und Schminken dauert jedesmal fast eine Stunde und das Auskleiden und Abschminken kaum weniger lang.

Ihr Clownkostüm ist so gut, daß selbst einige ihrer Freunde sie darin nicht erkennen, was Vivian natürlich sehr genießt. Dies gebe ihr, so erklärte sie, die Möglichkeit, eine vollkommen andere Person zu werden, eine Person, die sich nicht scheut, Dinge zu tun und zu sagen, die sie niemals für möglich gehalten hätte.

Nachdem sie sogar die Prüfung am Ende des Kurses bestanden hatten, entschieden sich Vivian und ihre Schwester, mit ihrer Kunst sowohl Kinder wie auch ältere Menschen zum Lachen zu bringen. Aufgrund ihrer Begeisterung und Unermüdlichkeit sind sie inzwischen in ihrem Heimatstaat Illinois ein bekanntes Duo, über das sogar in Zeitungen und Zeitschriften berichtet wird.

Weil wir alle so hingerissen waren von ihrer Geschichte, stimmte Vivian einem zweiten Treffen am nächsten Tag zu. Sie zeigte uns einige Zeitungsausschnitte und Fotos von sich und ihrer Schwester als Clowns. Und wissen Sie was? Kein Mensch hätte jemals ihr Alter erraten. Sie waren in der Tat alterslos, genau wie Vivian am Abend vorher gesagt hatte!

Daß sie Clown geworden war, erklärte Vivian, sei mit das Wunderbarste, was ihr je im Leben widerfahren ist. Als Clown konnte sie dankbar all die Liebe zurückgeben, die sie in ihrem Leben bekommen hatte. Es geht ihr gut, weil sie sich nützlich vorkommt. Und auf ihre einzigartige Weise bewirkt sie etwas in unserer Welt. Sie weiß, daß sie jeden Tag anderen Menschen Freude und Glück schenkt.

Vivian erweckt in mir, aber höchstwahrscheinlich auch in allen anderen Menschen, denen sie begegnet, das glückliche, unschuldige Kind, das in allen von uns wohnt. Sie ließ keinen Zweifel daran, daß sie nur in der Gegenwart lebt und sich keine Sorgen um Vergangenheit und Zukunft macht.

Vivian scheint tief im Innern gewußt zu haben, daß die beste Möglichkeit, sich selbst von Traurigkeit und Unglücklichsein zu befreien, die ist, daß man die Hand ausstreckt und anderen hilft. Sie ist ein wahrer Engel der Liebe, des Glücks und der Freude. Wenn man nicht an Hindernisse oder Begrenzungen glaubt, die den Selbstausdruck und die eigene Nützlichkeit beschränken, dann gibt es auch keine.

Man ist nie zu jung – Unsere Gesellschaft vertritt die Meinung, daß Weisheit ein Geschenk des Alters sei. Aber man kann auch der Ansicht sein, daß echte Weisheit wenig damit zu tun hat, wie alt wir sind, sondern vielmehr damit, wie offen und bereit wir sind, in jedem Menschen, ungeachtet seines Alters, einen Lehrer der Liebe zu sehen. Das würde bedeuten, daß ein Dreijähriger ebensoviel zu lehren hat wie ein Dreiundneunzigjähriger. Ich kann mit Sicherheit sagen, daß sich mein Leben grundlegend verändert hat, seit ich diese Prämisse angenommen habe.

Ich glaube, daß es außerordentlich wichtig ist, die Aussagen unserer Kinder in einem neuen Licht zu sehen. Unsere Kinder bekommen beispielsweise immer wieder zu hören, daß man dies und jenes nicht tun kann, solange man nicht erwachsen ist. Manche Kinder wachsen deshalb mit der irrigen Meinung auf, daß sie gar keine vollständigen Menschen sind und erst einen Beitrag zu dieser Welt leisten können, wenn sie erwachsen sind. Aber nichts könnte der Wahrheit ferner liegen.

Ich schätze mich glücklich, daß ich den größten Teil meines Lebens mit Kindern arbeiten konnte; ich kann deshalb bezeugen, daß sie sehr wohl einen Beitrag leisten können und für mich überdies sehr wichtige Lehrer waren. Wir können von ihnen lernen, unsere Vorstellungskraft ohne Einschränkungen zu nutzen und eine Welt zu schaffen, in der es keine Kriege gibt, eine Welt ohne Behinderungen und Begrenzungen, eine Welt voller Liebe und Frieden. Man ist nie zu jung, um etwas zu bewirken, und die folgenden Geschichten von jungen Menschen sind Beispiele dafür, daß man als junger Mensch sehr wohl einen bedeutenden Beitrag leisten kann.

Vor einigen Jahren hörte ein Junge, den wir hier Bill nennen und der in einer kleinen Stadt in Florida lebte, daß die Russen unsere Feinde seien. Er begann sich Gedanken zu machen über die russischen Kinder und wollte nicht glauben, daß auch sie seine Feinde waren. Er beschloß, etwas zu unternehmen, und schrieb deshalb einen kurzen Brief.

Lieber Freund in Rußland,
  ich schreibe einem sechs Jahre alten Freund in Rußland. Ich bin sieben und glaube, daß wir in Frieden miteinander leben können. Ich möchte Dein Freund sein und nicht Dein Feind.
  Möchtest du mein Freund werden und mir schreiben.
  Mit lieben Grüßen, Bill

Er faltete den Brief, steckte ihn vorsichtig in eine leere Flasche, die er dann ins Wasser warf. Allerdings handelte es sich bei dem Wasser um einen See, und ungefähr fünf Tage später fand jemand die Flaschenpost ungefähr dreißig Meter von dem Ort entfernt, an dem Bill sie ins Wasser geworfen hatte.

Die örtliche Zeitung brachte einen Bericht über Bills Geschichte, dann nahm sich die Associated Press ihrer an, und bald darauf erschienen Berichte darüber auf der ganzen Welt. Eine Organisation in New Hampshire, die amerikanische Kinder als Botschafter des Friedens in die Sowjetunion schickte, las einen der Artikel. Sie kontaktierte den Jungen und seine Familie und lud sie zu einem Besuch in der Sowjetunion ein. Auf diese Weise traf der kleine Junge in Begleitung seines Vaters wenige Wochen später in der Sowjetunion ein. Er war ein wunderbarer Friedensbotschafter!

Die Unschuld und Einfachheit der Geschichte rührt mich zutiefst. Dieser kleine Junge verfügte über keine vergangenen Erfahrungen, die ihn von der Durchführbarkeit seines Vorhabens hätten abhalten können. Er beschloß, etwas zu unternehmen, und handelte danach. Er sah weder Schwierigkeiten, noch war er sich dessen bewußt, daß sein Brief, den er in einen See geworfen hatte, nie nach Rußland gelangen würde. Für ihn waren Wunder möglich, und das Wunder geschah. Er war sogar noch viel erfolgreicher, als er sich dies erträumt hatte, denn er konnte seine Botschaft persönlich überbringen. Diese Geschichte zeigt mir wieder, daß nichts unmöglich ist, wenn man mit der Liebe handelt, die aus tiefstem Herzen kommt. Schon in der Bibel heißt es, daß »Kinder sie führen sollen«.

Es gibt noch viele Geschichten von Kindern, die anderen den Weg gezeigt haben. Mir kommt vor allen Dingen die unvergeßliche Geschichte von Samantha Smith in den Sinn. Samantha lebt in Maine und schrieb im Alter von zehn Jahren einen Brief an den sowjetischen Ministerpräsidenten Andropow, in dem sie ihre Sorge um die Spannungen zwischen beiden Ländern zum Ausdruck brachte. In ihrem Brief vom Dezember 1982 schrieb sie:

Lieber Herr Andropow,
ich heiße Samantha Smith und bin zehn Jahre alt. Ich gratuliere Ihnen zu Ihrem neuen Amt. Ich mache mir Sorgen, daß Rußland und die Amerikaner vielleicht einen Atomkrieg beginnen könnten. Sind Sie für einen Krieg oder nicht? Wenn Sie dagegen sind, dann lassen Sie mich bitte wissen, was Sie tun wollen, um den Krieg zu verhindern. Sie müssen diese Fragen nicht beantworten, aber ich möchte gerne wissen, warum Sie die Welt erobern wollen oder wenigstens unser Land. Gott hat die Welt erschaffen, damit wir alle in Frieden miteinander leben und nicht, damit wir kämpfen.

Hochachtungsvoll, Samantha Smith

Einige Monate später erhielten Samantha und ihre Eltern eine Einladung in die Sowjetunion. Nachdem sie im Juli 1983 Moskau besucht hatten, flogen sie nach Simferopol auf der Insel Krim, wo sie mit den Pionieren, einer russischen Jugendorganisation, zusammentrafen. Nach der anschließenden Schiffsreise auf dem Schwarzen Meer flogen sie nach Leningrad zurück und im Anschluß daran nach Moskau.

Zu jener Zeit herrschten große Spannungen und Mißtrauen zwischen unseren Staaten, und es gab keine Anzeichen für eine Besserung. Samantha wurde zur »Friedensbotschafterin« und eroberte überall, wo sie hinkam, die Herzen von Jung und Alt im Sturm. Ein besonderes Licht schien von Samantha auszugehen, das alle, die sie sahen, zutiefst berührte.

In allen russischen Zeitungen und Zeitschriften erschienen Berichte über sie, und außerdem war sie im russischen Fernsehen zu sehen. Sie erlangte sozusagen über Nacht Berühmtheit, denn ganz Rußland schien sie ins Herz zu schließen. Dieses kleine zehnjährige Mädchen brachte nicht nur den Sowjetbürgern Hoffnung, sondern auch vielen Millionen Amerikanern zu Hause.

Samanthas Unschuld sowie ihre Einfachheit und Ehrlichkeit verliehen ihr fast Zauberkräfte.' Sie war im wahrsten Sinne des Wortes eine Friedensbotschafterin, die überzeugt davon war, daß es möglich ist, in einer Welt zu leben, in der nicht gekämpft wird und in der es keine Kriege gibt.

Die Russen benannten eine Blume nach ihr. Ihr Konterfei schmückte sogar eine Briefmarke, und überall tauchten Bilder und Figuren von Samantha auf. Sie wurde zum Symbol der Hoffnung für Frieden und Freundschaft. Sie schrieb ein Buch mit dem Titel *Journey to the Soviet Union,* war zu Gast in vielen Fernsehsendungen, einschließlich der Johnny Carson Show. Kurz danach drehte sie einen Pilotfilm mit Robert Wagner.

In der ganzen Sowjetunion gab es nicht ein Kind oder einen Erwachsenen, der nicht von Samantha gehört oder sie wiedererkannt hätte. Alle bewunderten sie und sahen in ihr eine Lehrerin des Friedens. Sie hat wahrscheinlich mehr als irgendein anderer zu Eintracht, Frieden und Freundschaft zwischen unseren Staaten beigetragen.

Aber am 25. August 1985 ereignete sich ein tragisches Unglück. Samantha und ihr Vater kamen bei einem Flugzeugunglück ums Leben, was in der ganzen Welt große Trauer hervorrief. Selbst heute ist ihr Name jedem Bürger der Sowjetunion geläufig, und für viele Menschen jeden Alters ist sie immer noch eine Heldin. Ihre Mutter hat dafür gesorgt, daß in Hallowell, Maine, ein *Samantha Smith Center* eröffnet wurde. Das Zentrum setzt sich in erster Linie für den Jugendaustausch zwischen der Sowjetunion und den Vereinigten Staaten von Amerika ein.

In der Zwischenzeit sind ein Diamant, ein Planet und ein Stern nach Samantha benannt worden. Im Bundesstaat Maine gibt es einen Samantha-Smith-Tag, der jeweils am ersten Montag im Juni begangen wird. Samantha Smith wird uns immer als das Kind in Erinnerung bleiben, das als Friedensbotschafterin Tausenden und Abertausenden Kindern die Tür zu beiden Ländern geöffnet hat.

Heute liegen die Dinge zwischen unseren beiden Ländern ganz anders als damals im Jahr 1983. Die Spannungen und das Mißtrauen sind geringer geworden, und die Menschen in beiden Staaten haben mehr Hoffnung. Ich und viele andere sind der Meinung, daß Samantha wesentlich dazu beigetragen hat, daß sich die Einstellungen in beiden Ländern ändern.

Im Jahr 1981 habe ich die Organisation *Children as Teachers of Peace* gegründet, um Kinder aus allen Teilen der Welt zusammenzubringen und zu ermutigen, nicht nur ihre Ängste vor Krieg, sondern auch ihre Hoffnungen auf Frieden auszudrücken. Gemeinsam schrieben die Kinder ein Buch, in dem sie ihre Gedanken über den Frieden schilderten. Sie schrieben darin, was sie, wären sie Berater von Staatsoberhäuptern, zum Thema Frieden sagen würden.

Seit 1982 wird *Children as Teachers of Peace* auch von Pat

Montandon unterstützt, die darüber hinaus, wie so viele andere, auch eigene Projekte ins Leben rief. Ende 1982 reiste sie mit einer kleinen Gruppe von amerikanischen Kindern in die Sowjetunion und im Anschluß daran in viele andere Länder, um mit den Staatsoberhäuptern über das Thema Frieden zu sprechen. Pat gründete später ihre eigene Organisation mit dem Namen *Children as the Peacemakers*.

Im Jahr 1986 sind Diane Cirincione und ich als Leiter von *Children as Teachers of the Peace* mit achtundvierzig Kindern aus allen Bundesstaaten Amerikas in die Sowjetunion gereist. Die Kinder waren zwischen sieben und siebzehn Jahren alt. Auf dem Flug zurück nach Hause sagte ein elfjähriger Junge zu mir: »Ich bin sicher, daß eines Tages Tausende und Abertausende von Kindern aus Amerika in die Sowjetunion reisen werden und umgekehrt. Wenn wir groß sind, wird es viele Freundschaften geben, und keiner wird einem anderen mehr weh tun oder einen Krieg führen wollen.«

Während er sprach, mußte ich an Samantha denken; ich spürte, daß ihr Licht durch diesen Jungen heller schien denn je und allen Hoffnung verlieh. Wieder einmal dachte ich an die Stelle in der Bibel, wo es heißt, daß »Kinder sie führen werden«, und ich wußte, wie wahr das ist.

Der Frieden in der Welt ist nicht das einzige, zu dem Kinder ihren Beitrag leisten. Der elfjährige Junge Trevor Ferrell, der mit seinen Eltern in Philadelphia lebte, sah eines Abends eine Fernsehsendung über Obdachlose. Er hatte Mitleid mit den Menschen, die in dieser bitterkalten Nacht im Freien übernachteten. Obwohl es spät war, erklärte er seinen Eltern, daß er vorhabe, diese Menschen aufzunehmen und ihnen zu helfen. Er wußte einfach, daß es etwas geben mußte, das er und seine Eltern tun konnten, um diesen Menschen zu helfen.

Der Vater freute sich, daß sein Sohn ein Herz hatte für die Nöte der Obdachlosen und ihnen helfen wollte, aber es war spät am Abend, und alle waren müde. Aber Trevor beharrte auf seinem Vorhaben. Er wollte nicht glauben, daß das, was ihm sein Herz befahl, von Äußerlichkeiten abhing.

Er ließ nicht locker. Endlich willigten seine Eltern ein, ihn ins Zentrum von Philadelphia zu fahren, wo die Obdachlosen gefilmt worden waren. Trevor nahm eine gelbe Decke und ein Kissen aus seinem eigenen Bett mit. Auf der Fahrt hielt er beides an die Heizung, um es zu wärmen.

Als sie in der Stadt um eine Ecke bogen, sah Trevor einen Mann, der auf der Straße auf einem Schachtdeckel schlief. Trevor bat seinen Vater anzuhalten. Er stieg langsam aus, ging auf den Mann zu, kniete sich neben ihn nieder und reichte ihm die Decke.

»Hier, bitte«, sagte er zu dem Mann. »Hier ist eine Decke für Sie.« Dann ging Trevor zurück zum Auto und holte das Kissen für den Mann. Auf das Gesicht des Mannes trat ein so strahlendes Lächeln, wie es Trevor noch nie zuvor gesehen hatte.

»Danke«, murmelte der Mann. »Gott schütze dich.«

»Gott schütze Sie«, gab Trevor zurück.

Trevor und seine Eltern waren zutiefst gerührt. In der darauffolgenden Nacht und der Nacht darauf kamen sie wieder und brachten den Obdachlosen Decken und heißen Kaffee.

Aber Trevor war das immer noch nicht genug. Immer wieder drängte er seine Eltern und sagte: »Wir müssen einfach noch mehr tun.« Es hatte den Anschein, als könne nichts den Eifer dieses Jungen bremsen. Er setzte sich nicht an einen Schreibtisch und arbeitete einen Plan aus, aber er folgte seinem Herzen.

Trevor hängte in der ganzen Stadt Plakate auf, auf denen er um Spenden für die Obdachlosen bat. Die Reaktion hätte nicht besser sein können. Von überall her kamen Menschen und brachten warme Kleidung und Decken, die sich bald in

Trevors Garage stapelten. Ein Spender stellte sogar einen VW-Bus zur Verfügung, um die Spenden an den Ort zu transportieren, wo sie so nötig gebraucht wurden.

Im Laufe der Zeit führte Trevors Kampagne, wie die Hilfsaktion genannt wurde, dazu, daß den Obdachlosen in der Stadt mit Nahrung, Kleidung und zum Teil sogar mit Unterkunft geholfen werden konnte. Nachdem Trevor den Anstoß gegeben hatte, schien die Begeisterung und Großzügigkeit der Menschen in der Stadt keine Grenzen zu kennen. Das Bewußtsein der Menschen veränderte sich. Alle fühlten sich plötzlich wohler in ihrer Haut. Schulkinder, Geschäftsleute und selbst Personen aus der High Society stellten Zeit und Kraft zur Verfügung.

Sogar die Selbstzufriedenen und die Zweifler begannen zu begreifen, daß auch sie einen Beitrag leisten konnten. Menschen aller Altersgruppen boten ihre Hilfe und Unterstützung an, und zwar nicht nur in Form von Geld, sondern in Form ganz persönlicher Hilfe für diejenigen, die Hilfe brauchten.

Eines Tages fand Trevors Vater einen handgeschriebenen Brief in dem Bus, der für den Transport benutzt worden war. Der Brief erzählte die Geschichte eines Menschen, der alles verloren hatte, was ihm lieb und teuer gewesen war, und der auf diese Weise zum Obdachlosen geworden war. Er hatte scheinbar jede Hoffnung verloren. Der Rest des Briefes, der von Frank und Janet Ferrell in das bei Harper- & Row 1985 erschienene Buch *Trevor's Place* aufgenommen wurde, lautete folgendermaßen:

Plötzlich stand ein kleiner Junge vor mir mit einem Gesicht wie der personifizierte Frühling und sprach mich höflich und respektvoll an. Er sagte: »Hier bitte, hier ist eine Decke für Sie.« Er hatte mir jedoch viel mehr gegeben als eine Decke, er hatte mir neue Hoffnung gegeben. Ich konnte meine Tränen nicht zurückhalten. Ich habe den Jungen augenblicklich ins Herz geschlossen und das Leben ebenso.

Im Jahr 1987 reisten Diane Cirincione und ich mit mehreren Kindern nach Mittelamerika, wo sie mit anderen Kindern zusammentrafen. In einigen Ländern, die wir besuchten, bekamen die Kinder Gelegenheit, mit den Staatsoberhäuptern über den Frieden in der Welt zu sprechen. Während ihrer ganzen Reise wurden die Kinder von einem amerikanischen Fernsehteam begleitet.

Unter den Kindern war ein elfjähriger Junge namens Nathaniel Girard, der stets eine dunkle Sonnenbrille trug, die er nur selten absetzte. Es wäre eine Untertreibung zu sagen, daß er an ihr hing. Bald hatte er den Spitznamen »Mr. Cool«. Wir verbrachten drei Tage in Nicaragua, und während dieser drei Tage bekam jedes unserer Kinder einen Partner aus Nicaragua. Die Kinder schlossen fast sämtlich unverzüglich Freundschaft.

Wir besuchten viele Privatwohnungen sowie Schulen und Waisenhäuser, und ich glaube nicht, daß unsere Kinder jemals zuvor solche Armut gesehen hatten. Unsere Kinder wurden, als wir nach Costa Rica weiterflogen, von ihren neuen Freunden zum Flughafen begleitet. Beim Abschied flossen viele Tränen. Und dann bemerkten wir, daß Nathaniel seine dunkle Brille abgenommen hatte. Voller Erstaunen und Freude sahen wir, wie Nathaniel die Brille seinem neuen Freund schenkte.

Kann man etwas geben, das mehr von Herzen kommt, als das, was einem am liebsten ist? Es war ein ganz besonderer Augenblick mitanzusehen, wie Nathaniel seinem Freund die Sonnenbrille schenkte. Das ist bedingungslose Liebe, dachte ich, wenn jemand dem anderen das Liebste gibt, ohne etwas dafür zu verlangen. Nathaniel hat in diesem Moment bestimmt nicht an sich gedacht, sondern nur an seinen Freund, dem er seine Liebe beweisen wollte. Sein Insichgekehrtsein und seine Selbstbezogenheit waren mit einemmal wie weggeblasen.

Wenige Tage nach unserer Rückkehr nach Hause erhielten wir einen Anruf von Nathaniels Mutter. Sie berichtete, daß Nathaniel ihr gestanden hatte: »Ich habe mein ganzes Kriegsspielzeug in den Müll geworfen. Von jetzt an will ich nur noch für den Frieden arbeiten.« Bald danach fing Nathaniel an, Reden zu halten. Er sprach auf einer Versammlung in seiner Schule und während einer Sitzung der Schulbehörde. Innerhalb von vier Wochen hatte er zehn Reden gehalten und war zu Gast in Fernseh- und Rundfunksendungen gewesen.

Als Diane und ich im gleichen Jahr noch einmal nach Nicaragua reisten, erfuhr Nathaniel von unserem geplanten Besuch in dem Waisenhaus, das er damals gesehen hatte. Er rief uns an und erzählte uns, daß er Geld gespart habe und daß er uns zweiundzwanzig Dollar für das Waisenhaus schicken würde.

Nathaniel bewirkt etwas. Er hat eine Erfahrung gemacht, die ihm zu Herzen gegangen ist, und ich glaube nicht, daß er sie je vergessen wird. Er weiß, daß er eine wichtige Rolle in dieser Welt spielen wird und hat sich entschieden, daß für ihn der Frieden an allererster Stelle steht. Er weiß auch, daß man nicht erwachsen sein muß, um seinen Beitrag zu leisten.

Ich glaube, daß wir alle, und ich schließe mich selbst mit ein, viel von Nathaniel lernen können. Es ist allerhöchste Zeit, daß wir auf die Stimmen der Kinder hören.

Seit Jahren träume ich davon, daß unsere Welt eines Tages mit der Hilfe von Kindern, die im Rahmen ihres normalen Schulunterrichts anderen helfen, in eine bessere Welt verwandelt werden könnte. Wenn unser Schulsystem dafür sorgt, daß Liebe und Fürsorge für unsere Mitmenschen gelehrt werden, kann es wegbereitend für viele wunderbare Dinge sein.

Seit zwei Jahren wird eben solches an der Waldorfschule in Santa Cruz in Kalifornien von Kindern zwischen fünf und dreizehn verwirklicht. Diese Initiative nennt sich *Willige Hände, Liebende Herzen.* Jede Schulklasse hilft auf ihre Weise. So hilft die eine in einem Altersheim aus, eine andere in Familien mit Behinderten oder bei der Essensausgabe für Obdachlose.

Heuer hat die Kindergartengruppe ihr eigenes Gemüse angepflanzt, um es einer öffentlichen Suppenküche für Obdachlose zur Verfügung zu stellen; die Kinder haben außerdem bei der Essenszubereitung geholfen. Meist setzten sie sich sogar mit den Obdachlosen an den Tisch und aßen mit ihnen. Alle genannten Initiativen werden beständig weitergeführt, Freundschaften werden geschlossen und Beziehungen zwischen Menschen hergestellt.

Die Kinder, die sich entschlossen haben, den Alten zu helfen und sich in Alters- und Pflegeheimen und Altenzentren nützlich zu machen, haben wichtige Erfahrungen gemacht. Weil die Arbeit zeitlich nicht begrenzt ist, lernen die Kinder die alten Menschen gut kennen. So legen sie beispielsweise eine Kartei an und schicken den alten Menschen zu gegebener Zeit Geburtstagskarten. Mitunter gehen die Kinder auch einkaufen, streichen Gartenzäune und erledigen Gartenarbeit für die, die noch in ihrem eigenen Zuhause wohnen. Aber vielleicht wichtiger noch als die ganze praktische Arbeit ist die Zuwendung und die Liebe, die sie geben und bekommen. Sie lernen im wahrsten Sinne des Wortes, daß Geben gleich Nehmen ist.

In vielen Fällen hatten die Kinder Gelegenheit, Freundschaft zu schließen mit alten Menschen, die später gestorben sind. Ihre Erfahrungen sind besonders lohnend gewesen, obwohl viele sagen würden, daß dies auch schmerzliche Erfahrungen gewesen sein müssen. Die Kinder hatten dadurch die Möglichkeit, ihre eigenen Gefühle bezüglich Leben und Tod kennenzulernen, was ohne diese Erfahrungen nie möglich gewesen wäre.

Mein lieber Freund, der Autor Hugh Prather, hat zwei Söhne, die an der Waldorfschule sind. Ich fragte ihn nach seinem Eindruck bezüglich der Erfahrungen seiner Kinder. »Ich bin der Meinung«, sagte er, »daß damit die Kluft zwischen Alt und Jung überbrückt wird, die in den letzten Jahrzehnten immer größer geworden ist. Es ist wichtig für Kinder, daß sie alte Menschen kennen, und durch diese Initiative haben sie die Gelegenheit, sie kennenzulernen. Die Kinder erfahren uneigennütziges Geben und die Bedeutung des Einsseins allen Lebens, ungeachtet des Alters und wirtschaftlicher Verhältnisse.«

Mit dieser Initiative ist nicht nur die Kluft zwischen Alt und Jung kleiner geworden, sondern auch die zwischen den sozialen Schichten unserer Bevölkerung. Im letzten Jahr haben die Kinder dieser Schule Kinder aus niedrigen Einkommensschichten kennengelernt, vor allen Dingen Kinder mexikanischer Einwanderer. Zusammen haben sie gebastelt und Baseball und andere Spiele gespielt.

Die Menschen in Santa Cruz haben diese Projekte sehr begrüßt, und *Willige Hände, Liebende Herzen* hat viel getan, um ein Bewußtsein zu fördern, das Sorge und Liebe für den Nächsten miteinschließt. Für mich besteht kein Zweifel daran, daß diese Kinder, die daran mitwirken, einen wirklich großartigen Beitrag leisten. Ich bin davon überzeugt, daß diese Kinder, die sich so für ihre Mitmenschen engagieren, später als Erwachsene sicherlich das Mitgefühl an erste Stelle setzen. Schon jetzt hat das Beispiel der Waldorfschule in Santa Cruz andere Schulen inspiriert, ihren Schülern ähnliche Projekte anzubieten.

Wir können so viel von Kindern lernen. Und wenn wir es

ihnen gleichtun, dann wird die Welt, in der wir leben, eine bessere Welt werden, eine Welt, in der es mehr Licht und mehr Liebe gibt, als wir uns vielleicht vorstellen können.

Ich finde es faszinierend, daß Kinder sich nicht von den Vernunftgründen der Erwachsenen beeinflussen lassen. Für sie gibt es schlichtweg kein »nein« und »das geht nicht«. Kinder können uns so viel über Herzensbildung lehren, das heißt, nach dem Herzen zu leben und nicht nach dem Verstand.

Eine der wunderbarsten Lektionen, die wir von Kindern lernen können, ist die, daß es für Probleme, die uns kompliziert vorkommen mögen, oftmals Antworten und Lösungen gibt, die überhaupt nicht kompliziert sind. Sie erinnern uns immer wieder daran, daß die Liebe die Antwort auf alle unsere Probleme ist, und daran, daß wir mit unseren eigenen helfenden Händen und liebenden Herzen eine liebende und friedliche Welt schaffen können.

Nachwort – Die Erwachsenen und Kinder in diesem Kapitel machen uns noch einmal bewußt, daß das Alter keine Rolle spielt, wenn wir unseren Beitrag leisten wollen. Wenn wir wirklich davon überzeugt sind, daß nichts unmöglich ist, dann gibt es auch nichts, was unmöglich ist. Bedauerlicherweise leben viele von uns, wenn wir älter werden, entweder viel zu sehr in der Vergangenheit oder in Angst vor der Zukunft.

Seit ich mich entschlossen habe, alle, ungeachtet ihres Alters, als meine Lehrer anzuerkennen, bieten sich mir immer mehr Möglichkeiten, mein Leben auf kreative Weise zu leben. Irgendwann in meinem Leben hatte ich auch Angst vor dem Altwerden und vor den damit verbundenen Begrenzungen. Inzwischen glaube ich nicht nur, sondern ich weiß mit Sicherheit, daß es in meinem Herzen eine nie versiegende Quelle der Liebe gibt, die jederzeit genutzt werden kann. Ich glaube, daß das Geheimnis der mitfühlenden Liebe darin liegt, sich jeden Tag unablässig zu fragen: »Wie kann ich anderen mehr helfen und sie noch mehr lieben?«

Ich erinnere mich an einen vierzehnjährigen Jungen namens Will, der, dem Tode nahe, anderen Kindern Ratschläge gab. Er sagte: »Solange wir atmen, ist es unsere erste Aufgabe, ganz gleich, was mit unserem Körper geschieht, unsere Mitmenschen zu lieben.«

Wir können von unseren Kindern auch lernen, daß die Lösungen und Antworten auf unsere Probleme nicht kompliziert sein müssen. Unsere Kinder lehren uns, daß Liebe die Antwort auf all unsere Probleme ist. Sie lehren uns, daß helfende Hände und liebende Herzen sowie der Vorsatz, anderen wirklich helfen zu wollen, viel dazu beitragen können, aus unserer Welt eine liebende und friedliche Welt zu machen.

Wie wir alle etwas bewirken können in unserer Welt – Unsere Herzen zeigen uns viele kreative Wege, um unseren Beitrag zu leisten und etwas zum Positiven zu verändern. Diese Wege offenbaren sich uns einfach dadurch, daß wir uns jeden Tag freuen, wie wir anderen helfen können und was wir tun können, um unserem Planeten mehr Licht und Liebe zu schenken.

Es ist möglich, daß diese beiden Gedanken jeden Morgen unsere Herzen mit Mitgefühl und Entschlossenheit erfüllen, gerade so, als hinge unser Leben davon ab. Ich spreche wirklich von einem Vorsatz, unser Leben und unseren Planeten zu retten – indem wir uns immer wieder bewußt werden, daß wir unseren Mitmenschen und unserem riesigen Universum jeden Tag helfen und sie lieben müssen.

Das bedeutet, daß wir jeden Tag die Bedürfnisse und Sorgen der anderen ebenso respektieren wie unsere eigenen. Es bedeutet, daß wir unsere Fürsorge über unseren eigenen Bereich hinaus ausdehnen.

Vor nicht allzulanger Zeit hörte ich, daß Roger Muller, ehemals bei den Vereinten Nationen, sagte, daß wir alle Weltbürger und Friedensstifter werden könnten, wenn wir einfach unsere Augen schließen und uns die Welt vorstellen würden, die wir gerne hätten.

Zum Abschluß gebe ich Ihnen eine Liste mit Fragen und Dingen, die wir tun können, an die Hand, mit Hilfe derer wir unseren Beitrag leisten können.

1. Ich frage mich jeden Tag, was ich tun kann, um anderen mehr zu helfen.
2. Ich frage mich jeden Tag, was ich tun kann, um unserem Planeten mehr Licht und Liebe zu schenken.
3. Ich stelle mir in Gedanken die Welt so vor, wie ich sie gerne hätte.
4. Ich werde mir immer wieder bewußtmachen, daß meine Gedanken und meine Taten den Zustand der Welt bestimmen. Aus diesem Grund bitte ich jeden Tag um die Kraft, die bösen Gedanken und Taten zu unterlassen und sie statt dessen durch liebende Gedanken und Handlungen zu ersetzen.
5. Ich frage mich jeden Tag, was ich tun kann, um den Behinderten, den Alten, den Kranken und den Kindern zu helfen.
6. Ich werde jeden Tag etwas für die Umwelt tun.
7. Ich werde mich jeden Tag fragen, was ich für meine Familie, meine Schule, meinen Arbeitsplatz und während meiner Freizeit tun kann, damit die Welt eine bessere Welt wird.
8. Es gibt auch in meinem Umfeld Initiativen und Projekte für Menschen, denen ich beitreten kann, um die Welt zu verbessern. Auch ich werde versuchen, meinen Beitrag zu leisten.
9. Ich werde einem anderen Menschen entweder telefonisch oder von Angesicht zu Angesicht sagen, daß ich ihn liebe.

10. Ich werde versuchen dem- oder denjenigen, dem oder denen ich noch nicht vergeben habe, noch heute zu verzeihen.

Epilog

Nur der Augenblick zählt.

Es ist Zeit, die Angst loszulassen, weil Angst der Grund für Apathie und Gleichgültigkeit gegenüber dem Leid in der Welt ist. Die Zeit ist gekommen, um der Wahrheit ins Gesicht zu sehen, daß wir selbst dann aufhören zu leiden, wenn wir die Hand ausstrecken und einem anderen Menschen helfen.

Die Zeit ist gekommen, um zu vertrauen und an die Liebe zu glauben. Es ist Zeit, die Angst vor der Liebe zu überwinden und das Licht der Liebe und nichts anderes in uns selbst und den anderen zu erkennen. Wir können uns, unsere Beziehungen und unseren Planeten heilen, wenn wir uns bewußtmachen, daß wir tatsächlich etwas bewirken können, wenn wir jeden Augenblick unseres Lebens bestrebt sind, Wege zu finden, ein klein wenig freundlicher, zärtlicher, liebevoller, hilfreicher und liebender mit uns selbst und anderen umzugehen.

GOLDMANN TASCHENBÜCHER

Das Goldmann LeseZeichen mit dem Gesamtverzeichnis erhalten Sie im Buchhandel oder gegen eine Schutzgebühr von DM 3,50/öS 27,–/sFr 4,50 direkt beim Verlag

Literatur · Unterhaltung · Thriller · Frauen heute · Lesetip
FrauenLeben · Filmbücher · Horror · Pop-Biographien
Lesebücher · Krimi · True Life · Piccolo · Young Collection
Schicksale · Fantasy · Science-Fiction · Abenteuer
Spielebücher · Bestseller in Großschrift · Cartoon · Werkausgaben
Klassiker mit Erläuterungen

****

Sachbücher und Ratgeber:

Politik/Zeitgeschehen/Wirtschaft · Gesellschaft
Natur und Wissenschaft · Kirche und Gesellschaft · Psychologie
und Lebenshilfe · Recht/Beruf/Geld · Hobby/Freizeit
Gesundheit und Ernährung · FrauenRatgeber · Sexualität und
Partnerschaft · Ganzheitlich heilen · Spiritualität und Mystik
Esoterik

****

Ein SIEDLER-BUCH bei Goldmann

Magisch Reisen

ReiseAbenteuer

Handbücher und Nachschlagewerke

Goldmann Verlag · Neumarkter Str. 18 · 81664 München

Bitte senden Sie mir das neue Gesamtverzeichnis, Schutzgebühr DM 3,50

Name: _____

Straße: _____

PLZ/Ort: _____